日本人と外国人のビジネス・コミュニケーションに関する実証研究

シリーズ 言語学と言語教育

- 第1巻　日本語複合動詞の習得研究 − 認知意味論による意味分析を通して　松田文子著
- 第2巻　統語構造を中心とした日本語とタイ語の対照研究　田中寛著
- 第3巻　日本語と韓国語の受身文の対照研究　許明子著
- 第4巻　言語教育の新展開 − 牧野成一教授古稀記念論文集
　　　　鎌田修，筒井通雄，畑佐由紀子，ナズキアン富美子，岡まゆみ編
- 第5巻　第二言語習得とアイデンティティ
　　　　− 社会言語学的適切性習得のエスノグラフィー的ディスコース分析　窪田光男著
- 第6巻　ポライトネスと英語教育 − 言語使用における対人関係の機能
　　　　堀素子，津田早苗，大塚容子，村田泰美
　　　　重光由加，大谷麻美，村田和代著
- 第8巻　母語を活用した内容重視の教科学習支援方法の構築に向けて
　　　　清田淳子著
- 第9巻　日本人と外国人のビジネス・コミュニケーションに関する実証研究
　　　　近藤彩著
- 第10巻　大学における日本語教育の構築と展開
　　　　− 大坪一夫教授古稀記念論文集
　　　　藤原雅憲，堀恵子，西村よしみ，才田いずみ，内山潤編

シリーズ 言語学と言語教育 9

日本人と外国人の
ビジネス・コミュニケーションに
関する実証研究

近藤彩 著

ひつじ書房

目　次

第1章　日本語によるビジネス・コミュニケーション　1
1.1　研究動機と研究背景　1
1.1.1　「日本語によるビジネス・コミュニケーション」の到来　2
1.1.2　在留外国人の数と多様化　3
1.1.3　外国人ビジネス関係者に関する企業動向と在留資格変更　4
1.1.4　外国人ビジネス関係者と日本語学習　5
1.2　用語の定義　6
1.2.1　ビジネス・コミュニケーションの定義　6
1.2.2　外国人ビジネス関係者の定義　7
1.2.3　会議の定義　8
1.3　先行研究　8
1.3.1　ビジネス・コミュニケーション研究の概観―4つの焦点　8
1.3.2　本研究の研究史的位置付け　33
1.4　研究目的　36
1.5　研究の意義　36
1.6　研究の構成　37

第2章　外国人ビジネス関係者の
　　　　　ビジネス上の問題点に関する研究
　　　　　―その問題意識と属性の影響―【研究1】　45
2.1　研究目的と研究課題　45
2.2　研究方法　46
2.2.1　予備調査　46
2.2.2　質問用紙の作成　47
2.2.3　質問紙の構成　48

		2.2.4 被調査者 …………………………………………………………	49
	2.3	研究課題1の結果と考察 …………………………………………	51
		2.3.1 問題を構成する因子（研究課題1の結果）………………	51
		2.3.2 考察 ……………………………………………………………	56
	2.4	研究課題2の結果と考察 …………………………………………	58
		2.4.1 属性の特徴 …………………………………………………	58
		2.4.2 属性の因子に及ぼす影響（研究課題2の結果）………	60
		2.4.3 考察 ……………………………………………………………	62
	2.5	まとめ ……………………………………………………………………	64

第3章　日本語母語場面のビジネス・インターアクション研究
　　　　―会議における「仕事の非効率」とは―【研究2】 ———— 85

3.1	研究目的と研究課題 ………………………………………………………	85
3.2	研究方法 ………………………………………………………………………	89
	3.2.1 分析の枠組み ………………………………………………………	89
	3.2.2 データ概要 …………………………………………………………	90
3.3	結果と考察 ……………………………………………………………………	91
	3.3.1 研究課題の1の結果と考察 ………………………………………	91
	3.3.2 研究課題2の結果と考察 …………………………………………	103
3.4	まとめ …………………………………………………………………………	112

第4章　接触場面のビジネス・インターアクション研究
　　　　―同化ストラテジーか多文化ストラテジーか―【研究3】 ———— 129

4.1	研究目的と研究課題 ………………………………………………………	130
4.2	研究方法 ………………………………………………………………………	133
	4.2.1 分析観点 ……………………………………………………………	133
	4.2.2 収集方法とデータの特色 …………………………………………	134
4.3	結果と考察 ……………………………………………………………………	140
	4.3.1 結果 …………………………………………………………………	140
	4.3.2 考察 …………………………………………………………………	157
4.4	まとめ …………………………………………………………………………	161

第 5 章　総合的考察 —— 173
- 5.1　本研究のまとめ……173
- 5.2　日本語教育関係者への提言……181
- 5.3　日本人ビジネス関係者への提言……186
- 5.4　外国人ビジネス関係者への提言……187
- 5.5　通訳養成に向けて……189
- 5.6　多分野との連携……189
- 5.7　今後の課題……190

参考文献 —— 195

あとがき —— 209

索引 —— 213

第1章
日本語によるビジネス・コミュニケーション

1.1　研究動機と研究背景

本著は、日本人と外国人間のビジネス上の問題点に関する研究である。研究の動機は次の2点である。第1は、筆者の外国人に対する長年の日本語教師としての経験から感じられた必要性である。外国人ビジネス関係者を対象に日本語を教えている中で、学習者からさまざまな悩みを相談されることが多かった。また、不可解であると疑問点を投げかけられたりもした。その内容は日本語という言語自体のことのみならず、日本人ビジネス関係者のあり方や、商習慣についての疑問など多岐にわたるものであった。例えば、「若い人の日本語はわかるが、部長や役員の日本語はよくわからない」、「なぜ日本人の会議は長いのか」、「なぜ、日本人は会社に来るのが遅く、そして、夜遅くまで会社にいるのか」、「残業するのは仕事ができないことだ」、「なぜ日本の企業は寄付をしないのか」など漠然としたものからビジネスの細部にわたるものまであった。

　こうした現実に何とか対応するためには、授業の中で外国人自身の悩みを取り上げ、共に考える機会を作る必要性があった。そこで、外国人ビジネス関係者の問題点に関する過去の研究を調べ始めたが、関連性のある研究はもとより、資料になるものさえ非常に少ないという現状に気づかされた。また、筆者自身の企業での勤務経験を思い出し、問題となりそうな点をリストにしてみたり、周囲のビジネス関係者にも意見を求めたりしたものの、十分

ではなかった。これまでにどのような研究が行われてきたか、そして今後どのような研究が必要かということを把握し、研究成果を教育現場に還元することで、外国人ビジネス関係者を支援できるのではないか、という日本語教育の現場での経験に基づくものが本研究の第1の動機である。

第2の動機は、日本経済の急激な変化や外国人の増加、多様化という社会的情勢から迫られた必要性である。日本語によるビジネス・コミュニケーションが必要な時代が到来したと言われるものの、激動するビジネスや社会に研究が追いついていないという深刻な現状を目にし、研究を行うことが急務であると痛感した。

以下に、増加する在留外国人と外国人労働者、外国人をめぐる日本の最近の企業動向について述べ、変換期にある社会情勢を示す。

1.1.1 「日本語によるビジネス・コミュニケーション」の到来

日本語の国際化の背景には日本経済の影響がある。この契機のひとつとなったのはプラザ合意であり、80年代後半に日本は世界最大の投資国となった。そして、グローバル化の流れと共に日本は世界の注目を浴びる存在となっていったのである。戦後は日本企業の海外進出が競って行われたが、この時に使用された言語は圧倒的に英語であった。しかしながら、日本経済の国際化に伴い、ビジネスの場面で日本語を使用する機会が増加し、日本経済を取り巻く環境は一変した。特に、近年、中国、韓国、インドネシアをはじめとしたアジア地域では、英語ではなく日本語を使用する機会が増加している。

これは、貿易の分野に限ったことではなく、日本企業での研修や発展途上国への技術移転の際に日本語を使用することが多くなった（田島1994）ことも反映している。さらに、日本へ進出している外資系企業は、対日取引を有利にするための調査や人間関係形成の上で日本語が必要になった（高見澤1994a）。すなわち、現在は、「日本企業に勤務する外国人社員など『仕事のため』の日本語が求められる時代」（高見澤1994a: 32）、「双方が互いの言語を修得し対等にビジネスを行う時代」（田島1994: 88）に移ったと言える。

このような新しい時代の到来と共に、さまざまな場面で日本語環境の多様性と複雑性への対応が必要とされることになる。定型化された言葉のやりと

り以上のコミュニケーションが必要とされ、「ビジネス・コミュニケーション能力[1]の優劣がいっそう重視されるようになるとともに、言葉による障害も軽視できなくなってきた」(永尾 1994: 47)と言われている。

しかしながら、言語による障害はもとより、ビジネス現場で日本語はどのように使用されているのか、ビジネスの現場で何がどこまで習慣となっているのか、約束ごとが何かといったことは、職種によって異なることもあり、資料はほとんどないというのが現状である。そもそも、日本語による「ビジネスのコミュニケーションに関する学術的研究は未だ途上」(西尾 1995: 116)ということは10年前に指摘されていた。その後徐々に研究が進められてきたとはいえ、依然、課題は多い。

例えば日本人と外国人間のビジネス・コミュニケーションは異文化間での対話となるため、論理の運び方、理念や原則に対する考え方、価値観の違いなども大きな問題となる。これまでに米国やオーストラリアにおける日本人との交渉やセールスの際の問題点はいくつかの指摘(Tsuda 1984、Marriott & Yamada 1991、山田 1992 他)がなされたが、研究の全体数が少ないため、ある程度の傾向を見出すことにも無理がある。また、英語圏以外の国々、例えば、ビジネスのための日本語学習が盛んなアジア諸国の人々との日本語によるコミュニケーションについての研究はさらに数が少ない。

日本語で行われるビジネス・コミュニケーションを異文化間での対話として捉えた時に、実際に、アジア系を含めた外国人ビジネス関係者はどのようなことに問題を感じているのだろうか。特に、互いの論理の運び方、文化や習慣といったことはどの程度問題となっているのだろうか。

本論に進む前に、国内に目を移し、日本在住の外国人ビジネス関係者の特徴を探ることにする。

1.1.2 在留外国人の数と多様化

日本国内で「国際化」「グローバル化」「ボーダレス」という言葉は広く使われるようになった。近年の情報通信をはじめとした技術の著しい発達も企業形態の変化や企業の内部変化のみならず、日本社会の変化をもたらしている。その日本の社会構造の変化は人口動態を見ても明らかである。法務省入

国管理局の調査（2005）によると、日本に在住する外国人登録者数は 2004 年末で、197 万 3,747 人に達し、36 年連続で最多更新を記録した。この他に不法入国者などを含めると、その増加は著しい。また外国人登録者数を国籍（出身地）別に見ると、韓国・朝鮮が 60 万 7,419 人で全体の 30.8％を占め、以下、中国、ブラジル、フィリピンの順で増加している。就労を目的としている外国人の数は約 19 万 2,124 人（2004 年）であり、前年比 3.5％増となっている。

　このように在留外国人の増加が続いているが、その中でも特にビジネス関係者の増加にはどのような社会的背景があるかを見てみることにする。企業動向や在留資格の認定による影響を次に述べる。

1.1.3　外国人ビジネス関係者に関する企業動向と在留資格変更

バブル崩壊以降、企業動向については、日本経済の低迷による地価下落と規制緩和などの影響を受け、外資系企業による積極的な日本市場への参入が展開された。また、企業提携も進められ、それまで保守的といわれてきた銀行業界にも外資の波が押し寄せた。資本提携なども含めると、日本における企業の在り方を再検討、再確認する時期が到来した。

　さらに、近年、大手企業の間で人事採用において変化が見られ、外国人技術者を採用する新しい動きが広がってきている。大手企業に外国人技術者を派遣する人材派遣業が行われるなど、IT の関連分野を含め外国人ビジネス関係者のさらなる増加が見込まれている。

　他方、留学生の就職を支援する活動も盛んになってきている。それまでは留学生に対して職業相談や紹介、情報提供が積極的に行われていなかったが、大学や経済団体などが共催する「就職ガイダンス」や留学生と企業の「出会いの場」をはじめとした具体的な対策がなされ、2002 年に『外国人留学生のための就職情報』という情報誌が大学で配布されるようになった。現在は、インターネットを通じて就職情報を入手することも可能になった。さらに来日後に留学生が在留資格を就職目的に変更することが可能になったこともあり、日本での就職の増加が見込まれている。そのため、留学生が就職した際に困らないために、情報提供のみならず、就職前の支援や研修の拡充

が今後必要となる。

　また、日本国内の少子化による労働力の低下を外国人労働で補うことが2004年に提案され、今も議論は続いている。看護士や介護士といった新しい分野でも外国人労働が求められていることから、日本語教育が一層多様化し拡大していく可能性がある。

　以上のことから、労働市場が国際化し、IT技術関連をはじめとしたさまざまなビジネス関係者や、外国と日本の双方の事情に精通した留学生を雇用する企業の動きがますます強くなることが予測できる。要するに、国内においても、日本語は単に日本人同士のコミュニケーション手段に留まらず、外国人相手のコミュニケーション手段を含め一層広がりを見せている。これらの社会情勢を踏まえ、現時点でのビジネス・コミュニケーションの実態を把握し、問題点があればそれを解決することで、日本語教育が発展し社会に貢献できると考える。

　次に、日本語教育の面から、外国人ビジネス関係者の日本語学習にはどのような特徴があるかを示す。

1.1.4　外国人ビジネス関係者と日本語学習

ビジネス関係者の日本語学習は特に効率的で効果的な学習が求められる。「ビジネス日本語の学習者で現実にビジネスに携わっている場合には、勉強できる時間が限られていて、学習効果については厳しい考え方を持っていることが多い」(永尾1994: 51)からである。これは、西尾(1995: 109)でも「多忙と効率」という言葉で表され、必要最小限の時間で高度な目標に達することを学習者は希望していることが述べられている。

　さらに西尾(1995)は、ビジネス関係者の学習の特徴として「多様性」「日本語の位置づけ」「商習慣やビジネスコミュニケーションの理解」を挙げている。ここでいう多様性とは、国籍、母語、年齢、日本滞在年数、専門、学習の到達目標が異なる上、ニーズも学習者の置かれている立場も学習条件も千差万別であることを指している。そして、学習者による日本語の位置付けは、二義的なものであり、第1の目的はビジネスの達成であると明確に規定している。「商習慣やビジネスコミュニケーションの理解」に関しては、「言

語のみならず、日本人のビジネスのコミュニケーション・パターン、特に敬語行動等の学習」を織り込む必要があることも指摘している。筆者もビジネス関係者に日本語を教える者として、これらの特徴を常に意識しているが、日本人のビジネスのコミュニケーション・パターンに関する研究が不足しており[2]、教師側の限られたビジネス経験に頼って教室活動が行われているという事実は否めないであろう。

次に、本研究で使用される主な用語を定義する。

1.2 用語の定義

1.2.1 ビジネス・コミュニケーションの定義

「最近の、外国人による日本語への関心の高まりは、まったく新しい現象」（永尾 1994: 50.51）であり、「そもそもビジネス・コミュニケーションとは何か、ビジネス上のコミュニケーションの能力とはどのような能力であり、またその育成はどのように行われればいいのかということについては、この課題がビジネス関係者の日本語教育には切実なテーマであるにもかかわらず具体的な指針はない」（西尾 1995: 116）と言われるように、用語の定義は研究者によりまちまちである。以下に紹介する。

西尾（1994: 9）はビジネス・コミュニケーションを、「ビジネスがうまく運べるようにビジネス関係者がよき人間関係を作り、また保つためのコミュニケーションのスタイル」と定義している。つまり、言語によるコミュニケーションと、ビジネスを実際に行う上での習慣や約束ごと[3]といった非言語行動を含めている。

高見澤（1994a: 30）は、「狭義には商取引のための交渉、つまり『商談』の意味で使われる場合もある」としながらも、社内の会話、打ち合わせ、調査、広報活動などビジネスのための活動全般を対象としている。そして、長年にわたる日本人同士のやり取りの中から慣習化され、「日本語」という言語の特質と「日本的人間関係」、「日本的取引慣行」という日本文化の要因が複雑に絡み合って形成されたものとしている。その特性としては、(1)「仕事のため」の公的な話し合いである、(2) 参加者は「相互理解」に達する必要が

ある、(3) 主張の違いは、話し合いを通して調整される、(4) 合意された「相互理解」が仕事の内容となる、の4点を挙げている。

大崎 (1994: 87) は、ビジネス・コミュニケーションをビジネスとコミュニケーションの2つの側面から定義付けしている。「ビジネスとは、物またはサービスを生産し、営利を目的とする行為」、コミュニケーションは「複数の人間が意味を相手に伝えながら相互に作用を行う動的プロセス」とし、ビジネス・コミュニケーションは、「対人レベルだけではなく、幾つか他のレベルも考慮しなければならない」ものであり、「ビジネス活動に関わるコミュニケーションを包括的にビジネス・コミュニケーションと捉えるべきである」(大崎 1994: 126) と定義している。

水谷 (1994: 16) は、ビジネス・コミュニケーションの「公的話ことば」という特徴を重視し、「言葉によって事柄を伝え、自己の意見を示し、相手を説得するという言語行動が基本となっている世界であって、その点では、情緒的要素よりも、公的、事務的な言葉によるコミュニケーションが優先する領域である」と説明している。

本研究では以上のような定義を考慮し、ビジネス・コミュニケーションを「ビジネス[4]のための言語行動と非言語行動を含むコミュニケーション活動全般」と定義する。

1.2.2 外国人ビジネス関係者の定義

文化庁 (1994) から出版された日本語教師用手引書『外国人ビジネス関係者のための日本語教育 Q&A』では、その書名からも明らかなように、「ビジネス関係者」という用語が、日本語の中で外来語として一般的に使われている「ビジネスマン」の代わりに使用された (田島 1994)。さらに、西尾 (1994) は、「ビジネスマンという言葉には問題があるように言われだしたために、ビジネス関係者という言葉を使用」し、外国人ビジネス関係者を「主として日本に在住してビジネスに従事する外国人たち」(西尾 1995: 108) という意味で用いている。また、島田・澁川 (1998) は、「日本で企業に勤務し、ビジネス活動に従事している外国人」と定義している。

本研究では、「外国人ビジネス関係者」を日本にある企業に勤務している

外国人に限定せずに、海外からの出張者や短期滞在者を含め、日本でビジネスに従事する外国人と定義する。本研究で扱うビジネス関係者は主に、金融、製造、サービス、商業に従事する企業勤務者である。なお、企業勤務者であっても工場の生産ラインに従事する者は職場環境の違いから問題点も異なると考えられるので、対象から外している。また、技術研修生に関しては、身分が研修生であるため本研究の対象にはしていない。

1.2.3　会議の定義

会議とは、辞書によれば「会合して相談・議論すること」(『日本国語大辞典』小学館国語辞典編集部　2001: 170)とある。しかし、会議という言葉からイメージするものは人により一様ではない場合がある。例えば、座長や議長がいる公式的な会議を想定する場合や、編集会議や社内会議というような非公式なものを想定する場合もあるだろう。後者は打ち合わせと呼ばれることもある。外資系企業ではそれらをミーティングとしているところが多い[5]。【研究1】(第2章)の質問紙調査では「会議」(meeting[6])という用語を使用し質問をしているが、個々の被調査者がどのような会議を想定したかを確認することはできないため、人によってさまざまな会議の場面を思い浮かべながら質問に答えたと考える。他方、【研究2】(第3章)で質的分析のために取り上げた実際の会議は、課題を決定する目的のために2社が集うものである。つまり、議長は不在の、既知の人間同士間の非公式的な会議の実態を掘り下げている。これは、先行研究(Yamada 1992、1997)で取り上げられた場面と比較対照するために、改まり(formality)[7]の度合いが類似した場面を選択したからである。

1.3　先行研究

1.3.1　ビジネス・コミュニケーション研究の概観―4つの焦点

西尾(1994)によると、外国人ビジネス関係者を対象とした日本語教育に対する取り組みは1970年代に始まったと言われている。それまでは、周知のようにビジネスでは英語が使用され日本語でビジネスを行う機会はほとんど

なかった。が、日本経済の発展と共に日本企業や日本型経営などに対し、諸外国からの関心が深まった。そして、1980年以降は、来日するビジネス関係者の数が上昇し、日本語のニーズも高まると同時に多様化していった。しかしながら、日本語教育の現場では外国人ビジネス関係者を対象とした教師経験や教材が不足していたために、日本語教育の内容や教授法などを日々模索しながら学習を推し進めていったというのが実情である。以下に述べる先行研究の出版年やその量からもわかるように、外国人ビジネス関係者の日本語学習に関する研究やビジネス活動に関する研究は1980年代までほとんど行われていなかった。しかし、日本経済が国際化するにつれて、徐々にビジネス関係者を対象とした研究が進められるようになってきた。

　李 (2002) では、先行研究を、①企業内コミュニケーション、②企業外コミュニケーション、③セールストークの3つに分けている。これは場面による分類であると思われるが、通常、セールストークは企業外コミュニケーションと考えられている。さらに、上記の3つの下位分類に、言語面であるか文化面であるかということが設けられているが、両者に跨る研究も少なくない。例えば、外国人のビジネス上の問題点を明らかにした近藤 (1998b) は、①の企業内コミュニケーションに分類されているが、実際には、②の企業外コミュニケーションも含まれている研究である。

　そこで本研究では、李 (2002) で扱われていない新しい研究等も含め、大きく4つの焦点に基づき先行研究を分類した。第1は「ビジネス活動の研究」、第2は「ビジネスのやり取りの研究」、第3は「日本語学習に関する研究」、第4は「これまでの提言・助言」である。「ビジネス活動の研究」と「ビジネスのやり取りの研究」に関しては、日本人ビジネス関係者のみを対象とした研究、外国人ビジネス関係者のみを対象とした研究、そしてその両方を対象とした研究がある。なお、個々の研究についての詳細は1.3.1.1から焦点ごとに述べる。

　第1の「ビジネス活動の研究」は主に質問紙による量的研究であり、4つの領域の中で最も早くから行われた研究である。日本のビジネス社会や、日本人ビジネス関係者に対する在日外国人ビジネス関係者の持つ印象や生活実態を捉えることを目的とした調査研究 (第一勧業銀行 1986) や、海外の日系

企業に勤務する日本人駐在員と現地人スタッフを対象に日本語を使用することで生じる問題点を明確にすることを目的とした調査研究（地球産業文化研究所 1993、小林 1993、1994、木下 1994）がこれに当たる。日本と海外の双方における企業活動で生じた摩擦や誤解の要因を明らかにすることを目的とした調査研究（日本貿易振興会ビジネスコミュニケーション研究委員会 1995、日本貿易振興会 1996b）もこれに含まれる。

第 2 は「ビジネスのやり取りの研究」[8]であり、商談や会議、セールス場面を扱った研究が多く、日本人ビジネス関係者を対象とした研究、外国人ビジネス関係者を対象とした研究、日本人と外国人の双方を対象とした研究（接触場面の研究、比較対照研究）の 3 つに分類できる。日本人ビジネス関係者を対象とした研究は桑原（1998）、李（2001）があり、双方とも談話分析の「話段」（ザトラウスキー 1993）[9]という枠組みを使用した会話の機能に注目する研究である。桑原（1998）[10]では主に「提案」と「反対」について、李（2001）では打ち合わせにおける「確認要求表現」を分析している。

日本人ビジネス関係者と外国人ビジネス関係者の双方を対象とした接触場面の研究や文化ごとの対照研究は、海外で先行して進められてきた。前者（接触場面）は商談（セールストーク）についての Marriott & Yamada（1991）がある。後者（対照研究）は日米比較の Tsuda（1984）や日豪比較の Marriott & Yamada（1991）があり、双方ともセールス場面を扱っている。また、会議場面では、米国における日米比較の Yamada（1992、1997）が挙げられる。なお、外国人ビジネス関係者同士の日本語によるやり取りの研究は現在のところ行われていない。現実では中国人と韓国人が日本語で商談を行うことも考えられるので、今後の研究が待たれる。

第 3 の「日本語学習に関する研究」では、実践報告（高見澤 1987、丸山 1991、佐野 1993、2000、2002、松本・山口・高野 1998）や待遇表現（内海 2001、2006、清 1998、2001、2006）についての研究等がある。実践報告では、ビジネス関係者との連携が重要であると考えられているものが多く、成功した報告と連携が困難であることを示した研究の双方が見られた。

第 4 の「これまでの提言・助言」は、高見澤・井岡（1992）、西尾（1994、1995）、高見澤（1994a）、水谷（1994）などがこの範疇に入る。これらは調査

研究ややり取りの研究で行われるようなデータ分析に基づくものではないが、早い段階から日本語によるビジネス・コミュニケーションの役割や課題を指摘した内容となっている。

すべての研究が必ずしもひとつの焦点に絞って書かれたわけではなく、複数の焦点を有するものもある。

以下に、個々の研究についてその概観を述べていく。

1.3.1.1 ビジネス活動の研究

調査の先駆的なものは第一勧業銀行（1986）である。これは、日本語を使用して日本国内で仕事に従事する外国人ビジネス関係者を対象とする「在日外国人のみた日本のビジネス」という調査である。日本企業及び外資系企業に勤務する、滞在年数が1年以上の外国人ビジネス関係者300人を対象とした質問紙調査で、①「ビジネス生活」、②日本人ビジネス関係者に対する印象、③日本での生活の3点について外国人ビジネス関係者の意識を明らかにしている。

①については、半分以上の人が日本は「働きやすい」（50.3%）と思っており、ビジネス社会に「適応できている」（76.7%）と答えている。日本で仕事に従事することに、比較的満足していることがわかる。また、職場では「人間関係が大切にされる」（42.3%）と感じ、「日本の商習慣について勉強する」（43.3%）ことを心掛けているという実態が示されている。調査当時も、人間関係と商習慣の理解がビジネス生活の上で重要であると考えられていることがわかる。②の日本人ビジネス関係者に対する印象は、「勤勉」（62.3%）であり、「会社への忠誠心が強い」（60.7%）など、外国人ビジネス関係者が関心を寄せていることが報告されている。③の日本での生活も全般的に「よかった」（88.0%）と回答しており、満足している姿が浮き彫りにされている。日本語に関する質問は会話の熟達度[11]と使用頻度についてのみであり、「十分話せる」（53.3%）に「少しは話せる」（38.7%）を合わせると9割以上の被調査者が日本語を話し、「もっぱら」あるいは「なるべく」日本語を使っているという。しかし、日本でのビジネスで理解に苦しむこともある。それは「結論のでない会議が多い」（37.3%）、「決定までに時間がかかる」（32.3%）、「肩

書きを重視する」(31.7%)であった。さらに、働いていて不満を感じることは、「細かいニュアンスが伝わりにくい」(40.0%)、「外国人ということで特別視される」(39.3%)、「仕事の進め方が違ってやりにくい」(27.0%)ことである。この調査は1980年代当時のビジネス社会や外国人ビジネス関係者の意識を知る上で貴重なものではあるが、現在のビジネス社会は当時とは変化し、外国人ビジネス関係者もさまざまな面で多様化してきている。現状把握のためには、改めて調査を行い明らかにする必要がある。

　秋山(1994)は外国人ビジネス関係者ではなく、日本人ビジネス関係者の「企業活動とことば」に焦点を当て、日本の一部上場企業(298社)を対象にした質問調査[12]を基に、話しことばの役割と課題について調べている。分析の結果、ビジネスの場における話しことばの役割として、「企業活動遂行のための報告」、「説明」、「会議」、「スピーチ」などが期待されていることを明らかにした。そして、日本人の職場でのコミュニケーションの問題点として、第1は、話についての「組み立て」の不完全さ、第2は、話すテーマについての「結論・絞り込み」の不明確さ、第3は、個々の「ことばの選択や表現」の配慮不足などが挙げられている。そして、実践面での助言として、話の組み立てについて、①情報の取捨選択と絞り込み、②全体像から部分への情報提示、③伝える順序の配慮、④聞き手の立場の考慮、⑤具体的なイメージを与える配慮が必要であることを指摘している。加えて、「話体の簡潔さ」[13]、「音声化の明快さ」、「事実と意見の仕分けをしながら聞くという聞き取り能力の適正化」についても述べられている。これらは、日本人ビジネス関係者を対象とした課題であるが、日本語教育の分野にも示唆を与えるものでもあり、ビジネス活動における話し言葉の重要性が再確認できる内容である。

　海外に目を移すと、日本企業の海外法人において、現地の使用言語及び言語技術による問題が、どれだけ日本人駐在員とローカルスタッフの間でのコミュニケーションを阻害しているかを明らかにしている調査がある(地球産業文化研究所1993、小林1993、1994、木下1994)[14]。これらは8カ国の日本人駐在員と現地人スタッフ、計105名を対象とした面接調査と、11カ国にある174の出先機関を対象に郵送による質問紙調査を行っている。数あ

る問題が起こっている中、報告書（地球産業文化研究所 1993）で最初に取り上げられているのは、第3章でも取り上げる会議の問題点であった[15]。また、使用される言語が英語から日本語になったことをファックスの普及を例にして紹介し、情報量の不足による不公平感がビジネス・コミュニケーションの問題となったことも述べられている。その解決法として、英語発信の能力を充実させること、出先機関に日本語のできる現地人スタッフを入れることの2点を提案している（木下 1994）。さらに、企業の「言語投資」の重要性を指摘した上で、その後の電子メールの役割を予測し、通信機器の発達がコミュニケーションに与える影響の大きさを示唆している。現在の通信技術は電子メールが主流になっており、書かれた示唆は将来を見通したものとなっている。

日本貿易振興会ビジネスコミュニケーション研究委員会は、国内と国外の双方の日本人及び外国人ビジネス関係者を対象とした調査と、「134事例フォローアップインタビュー調査」（日本貿易振興会ビジネスコミュニケーション研究委員会 1995）を行っている。その際、共通質問項目が定められており、①言語、言語習慣の違いに起因する誤解や摩擦に関するコメント、提案、②ビジネスについての考え方、取引慣行などの違いに起因する誤解や摩擦に関するコメント、提案、③ビジネス・コミュニケーションにおける「do's & don'ts」の3点であった。134の個々の事例は、言語そのものの問題よりは、ビジネス慣習の相違から生じる誤解や摩擦、文化的価値観の違いから生じる摩擦が多く、同時に深刻な問題となっていることを明らかにしている。しかしながら、個々の意見や事例の紹介は、生じる問題や摩擦が個人的要因に起因するのか、ビジネスの上で共通のものなのかが判断し難い面がある。この調査では外国人ビジネス関係者が日本語を使用して仕事を行っている際の問題や摩擦をもたらす共通した要因が何かということを、明らかにはしていない。

これらの海外におけるビジネス・コミュニケーションに関する調査は、バブル期以降、日本企業の海外進出が増加するにつれ、その実態把握を目的として行われるようになった。生産、販売拠点を海外に移すたびに、生産、技術、営業などの主要部分をサポートする日本人駐在員が派遣され、ローカル

スタッフとのコミュニケーションが海外進出の成功を決定付ける上で重要な鍵であると考えられたものの、両者の間のコミュニケーションがうまくいかないという現実があったからである。

海外の中でも大手日系企業のマレーシア進出に注目した研究がLorrain (1997)である。これは多民族で構成されているマレーシア所在の日系企業の工場における対人関係に関する日常の社会的実践の記述を行っている。そして、そこで働く日本人とマレーシア人マネージャーのグループ運営とコミュニケーションのあり方を明らかにし、それらについて両者が異なる考え方を持っていることを示している。「日本的モデル」と「多文化的視点に基づいたマレーシア的モデル」の間で文化的対立が見られ、文化的多様性の有効な管理は困難であり、マネージャーと労働者としての最も大切な目的は、日本語そのものを学ぶことではなく、マネージメントを学ぶことであることが明らかになっている。この研究は言語以外の要素の重要性を示唆しており、マネージメントに関する文化的相違などを扱った点で興味深い。

以上のビジネス活動に焦点が置かれた研究を表1.1に示す。

表1.1　ビジネス活動に焦点が置かれた研究

	研究内容	研究手法	対象者	場所
第一勧業銀行 (1986)	在日外国人のみた日本のビジネス	量的分析	外国人	国内
秋山(1994)	企業活動とことば	量的分析	日本人	国内
地球産業文化研究所(1993)、小林(1993、1994)、木下(1994)	日本語を使用することで生じる問題点、ローカルスタッフとのコミュニケーションを阻害している要因など	量的分析	日本人 外国人	国外
日本貿易振興会ビジネスコミュニケーション委員会(1995)	言語、言語習慣などの違いに起因する誤解や摩擦、考え方など	量的分析	日本人 外国人	国外
Lorrain(1997)	マレーシアの日系企業の工場における社会的実践	質的分析	日本人 外国人	国外

これらの調査研究は日本語によるビジネスについての先駆的研究であり、国内外のビジネス関係者の実態を浮き彫りにしたという意味で意義がある。しかし、研究の数は乏しく、更なる研究が期待されている。
　次にビジネスのやり取りの研究を概観する。

1.3.1.2　ビジネスのやり取りの研究

杉戸・沢木(1979)は、衣服を買うというひとつの日常場面の言語行動をミクロに分析した研究であり、ビジネス・コミュニケーションという枠組みの中には位置付けられていない。しかし衣服の売買という研究対象からビジネスのやり取りの研究における先駆的な研究と位置付けることができる。ひとつのまとまりをもった実際の(なまの)言語行動に対して、音声言語形式のみならず、「それをとりまくいくつかの事象、すなわち副言語的(paralinguistic)な、あるいは伝達論(コミュニケーション論)的な事象」(杉戸・沢木 1979: 275)をも考慮に入れたという意味で、言語行動を記述する上での分析観点の多様性も示した研究である。衣服を買うという行為をミクロに分析した結果、「情報の仕入れ」から16段階に分け、売り手の積極的な言語行動を明らかにしている。そして、買い手の購買心理過程を8段階(注目、興味から購買行動、満足まで)に分けることでその言語行動を明確にした。さらに、買い物の展開、書きことば、非言語行動、沈黙の時間といった観点からも分析を行っている。

　米国と日本のセールスの会話を比較対照した研究にTsuda(1984)がある。この研究では、会話の順番取り(turn-taking)と挨拶(greeting)、アプローチ(approach)、終結前部(pre-closing)、いとまごい(leave-taking)を両国のセールス会話の構造上の共通項目としている。また言語行動の分析では、米国は雑談を用い、呼称とムーブ(move)[16]の数が売り手と買い手で同等であることから両者が対等であることを示している。他方、日本の場合は、売り手の敬語や丁寧表現の使用から、両者は対等ではないこと、さらに売り手は個人ではなく、会社に帰属意識があることなどを示し、双方の違いを明確にしている。

　Yamada(1992、1997)では米国における米国の銀行と日系の銀行の会議を

比較対照し、日米の異文化間コミュニケーションで誤解や失敗の原因となり得る文化的前提の相違に焦点を当てている。なお、この研究については、日本人ビジネス関係者の会議を扱う第3章で詳しく述べる。

オーストラリアとアジアの対照研究を行ったのは Mullholland (1997) である。オーストラリアとアジア間のビジネス機会の増大から、オーストラリア、日本、韓国、南ベトナムの4つの文化を取り上げ、特に依頼と承諾・認識 (acknowledgements) について分析し、オーストラリア人に対して交渉の際の助言を与えている。挙げられた事例は国ごとに網羅的なものではなく、それぞれの母語が比較されているわけでもない。また、3つの国をアジアとして総括した見解が述べられており個別性はあまり考慮されていない。

オーストラリアではモナッシュ大学を中心に比較的早い段階から接触場面に注目し、オーストラリア人ビジネス関係者と日本人ビジネス関係者のインターアクション研究が進められている。Marriott & Yamada (1991)、山田 (1992) はオーストラリアの免税店で、日本人客を相手に日本人店員とオーストラリア人店員が、それぞれ日本語でどのように会話を進めているかを対照分析している。結果として以下の3点が示されている。まず第1は、語彙について、オーストラリア人店員の方が日本人店員より専門用語の使用量が多かった。第2は、待遇表現について、日本人店員の方がオーストラリア人より「です・ます体」及びその他の待遇表現を使用した。これは、オーストラリア人が文法能力 (grammatical competence) に問題があったためと説明されている。第3は、会話の構造及び内容について、日本人店員とオーストラリア人店員では違いが見られた。具体的には、まず、客のニーズを把握したかどうかであった。日本人の店員の場合は、客のニーズに併せた多様なサービスを行っていたが、オーストラリア人店員は、客のニーズについて何も聞かず、一般的な商品の説明に留まり、サービスが十分ではなかったと解釈されている。そして、客への推奨行為について、日本人店員は客が品物（おみやげ）の購入を決定し支払いを終えたあとでも、他の品物を薦め続けたのに対し、オーストラリア人店員の場合はそのような、推奨するという行為は見られなかった。さらに、会話の構造についても相違が見られた。日本人店員は会話の主導権を掌握し、雑談 (small talk) を交え、客に会話を終わらせる

ように計らった。これに対し、オーストラリア人店員の場合は、会話全体が単調で、店員の商品知識を中心としたものになったこと、また店員側からの雑談の欠如、そして、予算や買物の目的などの把握の失敗や、お客に購入を決断させるまでの段取りの悪さ、および客が決断した時のシグナルの見落としなどがあることが明らかにされている。

　一方、日本におけるビジネスのやり取りの研究は数が非常に限られている。杉戸・沢木 (1979) は前述のとおりだが、日本の職場における「女性のことば」に着目した研究に、現代日本語研究会 (1997) がある。文末形式の「わ」「ね」のコミュニケーション機能、敬語使用、笑い等の非言語についてもミクロな分析を行い、約9時間、レコード総数11,421件の自然談話を資料化している。さらに、これを補完する形で、現代日本語研究会 (2002) は「男性のことば」を研究対象とし、文末や敬語、笑い等についての分析を行っている。これは約12時間、11,099件である。集められた談話資料は談話分析や教室活動にもリソースとして使用可能であり、今後、職場のみならず、ビジネス全般においてこのような談話資料が蓄積されることが望まれる。

　谷部 (2006) は、上述の『女性のことば・職場編』(1997) のデータを用い、終助詞「わ」の91例の使用実態を、主に質的な観点から分析した研究である。その結果、「わ」の使用について (1) デス・マス体に接続する「わ」は皆無であり、「くつろいだ」場面で、日頃接触量の多い親しい相手に対して使用されている、(2) 若年層の女性の使用は、単独の形、引き延ばし音調を伴って現れることが多い、(3) 若年層女性において、ある特定の場面（恋愛感情にまつわる話題など）に現れやすい、の3点を見出し、そして衰退に向かっていると言われる「わ」について、世代別の使用傾向から、今後単純に消滅に向かうとは言えないことを示唆している。

　李 (2001) は、日本人同士による会社間の打ち合わせ場面における文末形式「ヨネ・ネ・ダロウ・ジャナイカ」の確認要求表現に焦点を当て発話の効果についての分析を行っている。その結果、話段の開始や後続発話の予告のような展開では、その話段で優先的な話者の発話で確認要求表現の効果が多く見られたことが示されている。他方、相手の発話に関心や共感を示す対人的効果は、立場の上下関係によって違いがあり、立場が上の話者の発話でや

や多く見られたことが示されている。他の確認要求表現より「ヨネ」「ネ」の使用頻度が高いことも確認された。ただし場面は打ち合わせというビジネスの場面ではあるが、確認要求の特徴が、ビジネス場面故のものなのか、日常場面でも頻繁に起こることなのかについては示されていない。

　李（2003）は、日本人同士による会社間の会議場面における「依頼・許可求め」の言語行動に焦点を当て、設計士と工事監督という社会的役割によってそれらの言語行動がどのように現れるかを探っている。質的分析の結果、両者の言語行動は、発話レベルでも談話レベルでも違いが見られ、工事監督のほうが丁寧な言語行動をとっていたことを示している。つまり、立場的に下位にある者のほうが、非明示的な表現を使用し、依頼までのプロセスも複雑であるといった実例を挙げている。

　日本人ビジネス関係者同士のやり取りの研究というのは、外国人ビジネス関係者の日本語学習の面で、リソースとしても活用が可能である。接触場面や対照研究と併せて早急に研究を進めていく必要があるといえる。以上のビジネスのやり取りに焦点が置かれた研究を表1.2にまとめて示す。

1.3.1.3　日本語学習に関する研究

つづいて日本語学習に焦点が置かれた研究を概観することにする。まず、外国人ビジネス関係者を対象とした日本語学習に関する調査研究と調査報告を、次に教室現場を基にした実践報告を紹介する。

（1）　調査研究・調査報告

ビジネス活動の現場の視点を日本語学習に採り入れた研究には、清（1995、1997、1998）がある。清（1995）は、上級日本語ビジネス関係者[17] 77名と日本人ビジネス関係者65名にそれぞれインタビュー調査を行い、「ビジネス・コミュニケーション上の支障点」を把握し、そこから教授内容を探っている。調査の結果として、第1に、外国人ビジネス関係者はそのレベル[18]に関わらず、「意見を述べる」こと、次いで「意見を聞く」ことが困難であることが明らかになった。第2に、外国人ビジネス関係者は全般的にスピーチレベルの設定に困難を感じていた。なお、困難点は「欲しい教材」にも反映し、

表 1.2　ビジネスのやり取りに焦点が置かれた研究

	研究内容	研究手法	対象者	場所
杉戸・沢木（1979）	衣服を買う言語行動；売買行為の心理過程	質的分析	日本人	国内
Tsuda（1984）	セールスの会話；会話の順番取り・呼称・敬語など（対照分析）	質的分析	日本人、アメリカ人	日米
Yamada（1989、1992、1997）	会議；トピック管理・インターアクションへの期待（対照分析）	質的分析	日本人、アメリカ人	米国
Marriott & Yamada（1991）	免税店；語彙・会話構造・待遇表現など（対照分析）	質的分析	日本人、オーストラリア人	豪州
山田（1992）	免税店；語彙・会話構造・待遇表現など（対照分析）	質的分析	日本人、オーストラリア人	豪州
Mullholland（1997）	場面を特定せず；依頼と承諾・認識（対照分析）	質的分析	日豪韓越	国内外
現代日本語研究会（1997）	職場における女性のことば；文末形式、敬語、発話の重なり、「ね」、笑いなど	質的分析	日本人	国内
李（2001）	打ち合わせ；確認要求表現	質的分析	日本人	国内
現代日本語研究会（2002）	職場における男性のことば；文末形式、敬語、発話の重なり、笑いなど	質的分析	日本人	国内
李（2003）	会議；依頼・評価求め	質的分析	日本人	国内
谷部（2006）	職場における女性のことば；「わ」の使用実態	質的分析	日本人	国内

「スピーチレベル設定が学べるもの」（上級の上と超級レベル）、「意見の述べ方が学べるもの」（中級の上と上級の下レベル）がそれぞれ上位となった。一方、日本人の挙げた問題点としても、外国人ビジネス関係者のスピーチレベル設定の不適切さが指摘されている。さらに、言語能力によって支障の受け止め方に違いがあったことから、言語能力が高くなれば「偏見」や「日本人の行動様式」といった情意面の受け止め方も肯定的になり、ある程度それら

を超えられる可能性があることを示唆している。これらの結果から、主に上級者の学習に盛り込むべき内容と、会話教材や教室活動とビジネス活動の現場とのずれについて指摘している。

清(1998)では、仕事のほとんどを日本語で遂行している上級の外国人社員と、共に働く日本人社員の双方を対象に面接調査を行い、主として外国人社員側からの仕事上の阻害要因を言語面と心理面から考察している。そこで明らかにされたことは、外国人ビジネス関係者にとっては適切な敬語表現、待遇表現、婉曲表現が最も困難であり、特に「断り」の場面において顕著であったこと、さらに、日本語独特の形式表現にも困難を感じていることであった。一方、日本人側は言語面の阻害要因を外国人側に見出し、日本的な言語行動を要求していることが示されている。この2つの研究は外国人ビジネス関係者と日本人ビジネス関係者の双方を対象に調査され、その問題点を探ったものである。今後もこのように双方の溝を埋めるための研究が求められる。

語彙調査に関するものには池田(1996)がある。これは、ビジネス関係者用のシステム開発を目指して行われた調査で、日本人ビジネス関係者[19]の会社における話し言葉に現れる語彙を調査している。語彙の述べ語数は50,337語であり、その異なり語数は3,283語であった。分析の結果、「社内及び社外での会議や打ち合わせ、電話の会話で用いている語彙は、その大部分がビジネスの場以外でも日常的に用いられている語彙」(池田 1996: 118)であることを示し、ビジネス専門語彙の割合が非常に低いこと、感動詞の使用率が高いこと、漢語の使用率及び名詞語彙数が高いことを明確にしている。それまでビジネス分野に限定した語彙調査は行われていなかったため、この研究は外国人ビジネス関係者向けのテキスト開発および教育に示唆を与えている。特に、ビジネス分野の日本語教育の現場ではその専門性を主張する傾向があったが、語彙に関しては専門語彙の割合が非常に少ないことから、「専門語彙に重点を置き過ぎ、一般語彙を提示する割合が少なくならないように」(池田 1996: 126)する必要があると思われる。今後は、ファックスやe-mailといった書き言葉の重要性の指摘(小林 1993、1994、木下 1994、西尾 1995)を踏まえ、書き言葉に現れる語彙の調査が行われ、教材

やテスト開発に反映されることも望まれる。

　島田・澁川(1998)は、在日の外国人ビジネス関係者(67名)と日系企業(50社)を対象として1)外国人ビジネス関係者による日本語使用の実態及び目標、2)企業が外国人ビジネス関係者に求める日本語、3)実態と企業の要望との比較、の3点について明確にすることを目的とした研究である。質問票による調査で明らかになったことは次のとおりである。1)の実態に関しては、①日本企業勤務者の方が外資系企業勤務者より、より多くの業務を日本語で遂行している。②技能ごとでは、企業形態にかかわらず、会話、読み、書きの順で日本語を使用している割合が高い。③母語別には、中国語話者が最も多く日本語を使用している。1)外国人ビジネス関係者の目標に関しては、①会話力についてはいずれにおいても上昇指向であった。②外資系企業では実際にはあまり日本語を使用しない現実がある一方で、外国人ビジネス関係者は使いたいという気持ちが強いという「実際と目標の日本語使用範囲に差」が見られた。2)に関しては、①日本語力が採用条件になっているか否かは、外国人ビジネス関係者の母語、採用者側の企業形態によって異なる。②企業は顧客とのやり取りよりも、まず社内での日本語運用力を必要にしている。3)に関しては、会話、読み、書き、いずれも、企業が期待する日本語力以上の力を外国人社員は発揮している。この調査を通じて、まずは社内でのコミュニケーションを教育現場で優先して学習させることなどが示唆されている。回答率が低いことと調査票の語彙選択の不備ということが反省点として取り上げられているが、これらを補うために行われたインタビュー調査の報告が待たれる。なお、以前は、企業は単に外国人を雇えば国際化に対応できる[20]と考え、実際に雇用すると「(外国人ビジネス関係者に)何をさせたらいいのかわからない」(高見澤・井岡1992: 12)というような不満を抱いていたという現実があった。この点に関して、外国人ビジネス関係者の雇用が進むにつれて企業側の意識が変化したこともこの調査から読み取ることができる。

　海外の、特にアジア5都市[21]に絞って日系企業のビジネス日本語のニーズを調査したものが島田・澁川(1999)である。この5都市を選択した理由は定かでないが、調査目的は、①日本語を採用条件としているか、②現地社員

の日本語学習経験とその動機は何か、③日本語が求められる場面と実態はどうであるかという3点であった。調査票を使用し、被調査者は日本人人事担当者と外国人ビジネス関係者であったが、回収率は明らかにされていない。調査の結果、①については、企業全体の60%が日本語を採用基準としていることが明らかになった。一方、②の現地社員の日本語学習経験と動機に関しては、各都市とも70%以上の現地社員が日本語学習経験のあることがわかった。動機に関してはクアラルンプール以外でほぼ同じ傾向が見られ3つの選択肢に回答が分散した。つまり、社会・文化に興味があるからという理由で学習を始めた者と、就職に有利だから始めた者、さらに仕事上必要だからという理由で始めた者がいた。他方、クアラルンプールでは社会・文化に興味があるからという理由に回答が集中した。③の企業が求める日本語使用とその実態については3つのグループに分散された。第1グループはソウルと大連であり、企業も現地社員に対し日本語使用を強く求め、現地社員も多くの場面で日本語を使用しているグループである。第2グループは香港とバンコクであり、企業からの要望もさほど強くなく、現地社員の日本語使用場面も限られているグループであった。第3グループにはクアラルンプールが該当し、企業の日本語に対する要望が低いにもかかわらず、現地社員は多くの場面で日本語を使用していることが明らかになった。このクアラルンプールの企業と現地社員との著しい差に関しては、企業での英語の使用率が高いこと、他都市と比べると「社会・文化に興味がある」という学習動機が65%以上を占め、日本語の人気が高く現地社員自ら日本語を使用しているという理由が挙げられていた。なお、この調査の有効回答者数は都市ごとに著しい差があり[22]、有効回答数の差が結果に影響を与えたとも考えられる。

　著者の経験において企業を対象とした調査は協力を得ることが非常に困難であったが、海外で積極的に支援を行っている日本貿易振興会の調査においても協力を得るのが難しい現実がわかる。しかし、この研究は5都市に進出しようとする日本企業や日本語教育関係者に対して、アジアの都市ごとによって実態やニーズに相違があり、アジアというひとつの枠組みでは捉えられない多様性があるという示唆を与えている。

　池田(2001)は、学習者が日本語でコミュニケーションを行う上でぶつか

ることが予測される問題を解決するためのコミュニケーション・ストラテジーを取り上げ、「初級ビジネス日本語会話」の授業設計やカリキュラムデザインをし、その習得における有効性の検証を試みている。米国での実験授業と事前事後のアンケート調査の結果、文法や語彙等の指導に加えて初期段階からコミュニケーション・ストラテジーの指導を行っていくことが有用であることが明らかにされている。

　次に教育現場でどのような取り組みがなされているか実践報告を基に見ることにする。先駆的な教育実践の取り組みや待遇表現に着目したもの、さらには地域性を生かしたものなどがある。

(2)　実践報告

専門職に対して行われた先駆的な教育実践は、米国国務省日本語研修所における米国外交官を対象としたものである。高見澤(1987)はそこでの特徴を「職務に役立つ実用的な言語能力の養成」、すなわちJob-oriented Trainingであると述べている。1クラスは3名程度で期間は2年間の集中コースである。レベルは初級・中級・上級に分けられ、その中では日本語の学習のみならず、日本事情も行われた。その基本方針や教授法、評価法などは外務研修所外国語研修部の指導の下に行われ、日本語以外の他言語にも共通する方法を採用している。少人数授業で学習期間も2年間と、その特殊性は強いが、実務に直結した実用的な言語の習得という点で示唆するところがある。

　1987年頃から、日本経済の好景気、いわゆるバブル期に影響され、国内外で日本語への関心が高まってきた[23]。丸山(1991)は、営業職を例にビジネス分野の専門家の指導を日本語教育に導入することに着目し、営業職を対象にした「ビジネスにおける専門的知識を与える日本語教育プログラムの一モデル」を示している。そして、ビジネス関係者の役割は、「ビジネス情報の提供」「専門用語の指導」「単元全体の枠組み設定」「模擬練習における状況設定」であり、日本語教師の役割は、「プログラムの全体の運営」「各単元の運営」「一般的な言語要素に関する指導」と位置付け、両者の役割分担を明確にする必要性が示されている。また、高見澤(1994b)はそれまでの豊富な経験をもとに『ビジネス日本語の教え方』を執筆し教育現場に示唆を与え

日本語教師と専門家の連携については松本・山口・高野(1998)でも、その重要性が述べられている。大学生と大学院生対象の経済分野の専門的日本語教育において、主に、カリキュラムに組まれた語学(日本語)教師による「ビジネス・社会」[24]「政治・経済」と専門家による「ビジネスクラス」のそれぞれの学習目標と特徴を説明し、その差異と共通点、関連性を挙げている。そして、学生へのアンケートと聞き取り調査、教師の反省点から改善策を提示している。例えば、「専門的日本語教育」から「専門教育」への橋渡し段階では、日本語教師と専門家が初期段階から相互補完的に連携をとることにより、言語・内容両面の学習の相乗効果が期待できるとしている。それまで、連携が困難であったため機能していなかったが、まず、日本語教師と専門家との両者が抱える問題を話し合う「共通の場」を作ることから始めることが必要であると述べている[25]。

　両者の連携を目指し、ビジネス関係者との懇親会をコースの中心に据えてコース設定したのが、佐野(1993)である。米国のビジネス・スクールに入学が決まっている学生10名を対象にした、日本における入学直前の集中コース、CIBER (Center for International Business Education and Research) のプログラムの実践報告である。ビジネス関係者との懇親会をコースの中心に据えてデザインされた点が新しい。学習者の自発性を尊重し、懇親会に向けての接触方法や表現方法の練習、経済、経営関係の情報収集に必要な漢字語彙の練習が行われたことなどが報告されている。筆者は同コースに携わっていたが、学習者のニーズを踏まえかつ汎用性の利く時事問題や経済記事を厳選し、語彙と漢字学習、内容理解、背景知識の習得を徹底させる手法は学生のみならず、既に仕事に従事している外国人ビジネス関係者にも効果的であると思われる。また、佐野(2002)には1998年から2002年までの5ヶ年にわたる実践報告がまとめられている。ビジネス関係者や将来日本語でビジネスに携わろうとする学習者対象のコース運営を行う際の実践面での示唆を与えている。

　上記のCIBERの成功要因を考察し、米国のビジネス・スクールの課題について言及したのが田丸(1994)である。それは主に米国におけるビジネス・

スクールの教員という立場から、ビジネス・スクールが抱えている2つの課題、すなわち、コース・デザインと教師の態度について述べられている。コース・デザインは、米国のビジネスの状況を反映する必要があること、そして教師は、ビジネス・スクール間の競争激化の中で「従来の大学レベルでの日本語教育の通念にとらわれない柔軟な思考」(田丸 1994: 59)が求められていることを指摘している。その上で、自らの教授経験を重ね合わせた結果、中級段階からではなく、初級段階から学習者の将来のニーズを考慮したコース・デザインを打ち出すことの重要性を述べ、その実行のためには、日本語を使用して仕事をしている外国人ビジネス関係者を対象に、ニーズだけでなく自分の学習経験に関する評価や戦略などを含めた調査が必要であることを強調している。さらに、時間的制約の他に、効率や目標達成度を重視する環境を十分に考慮し、初級段階からできるかぎり取捨選択をして幅を狭め、狭めた範囲については、短い期間で能力を高めるようにすることが必要であるとしている。つまり、スキル、語彙、漢字などすべての分野で取捨選択を行っていくことを指摘した。しかし、「取捨選択を行おうとすれば、実際のビジネスの場での日本語使用の資料がどうしても必要」(田丸 1994: 60)とあるように、海外からもビジネス・コミュニケーションの研究成果が期待されていることがわかる。

　藤本(1993)は、米国スタンフォード大学の夏期講座(6週間)に関する教育実践についてのものであり、自身の豊富なビジネス経験を活かしたカリキュラム立案、教材開発、そして教室活動に至るまでを報告している[26]。学習者は10名(内3名は途中脱落)で、1名を除いた全員が理科系であり在日経験があった。12日間のコースは、まず、電話応対など簡単な場面から導入され、次第に複雑なものへと進められ、最終段階では総合討論が行われた。1日の授業の進め方は、前日に課せられるロールプレー、教科書の語彙の確認、本文理解、会話練習(コース後半からは討議)が中心であった。会話練習では、話の切り出し方やまとめ方といった談話構造の導入や断定回避表現及び特殊慣用表現を抽出し、学習者への理解を促進させている。また、討議では、大学に研究に来ていたビジネス関係者の助言と協力もあり、「日米共同技術研究」をテーマにして現実に起こりそうな問題を想定しながら日

米両者での社内の意思決定、両者の接触、打ち合わせ、交渉などを行っている。このテーマの選択と内容は、学習者の興味や雰囲気のみならず、日米両国の相互理解を深めた点で意義があったという。そして、このコースは、教師が単にことばを教えるということに留まらず、学習者がビジネスそのものを支えている文化を理解しようとしていることを教師が十分に受け止め、対応することが大切であることを強調している。12日間という限られた中で、学習者にどの程度効果があったかということは客観的には示されていないが、当時（1993年）は、実践報告がほとんどなかったために[27]、この授業報告はその後の教科書作成[28]や教育現場に影響を与えたと思われる。

上記の藤本（1993）でも待遇表現の指導が強調されているが、待遇表現に関する授業報告を扱ったものに清（1998）がある。それは、ビジネス経験のない大学生（留学生）向けのビジネス会話ワークショップで行った待遇表現の授業報告である。留学生それぞれに企業名を決めさせ、新入社員という役割と、新しい客先を確保しなければならないという状況を設定している。なお、「ウチ同士」の社内の会話に関しては、上司への報告というロールプレーに留めている。誤用表現を分析した結果、学習者それぞれの文法的な誤用や、「あたかも表現」[29]（坂本・川口・蒲谷 1994）の非用が指摘されている。

清（2001）は、待遇表現の指導における開始時期と教科書、授業展開の見直しの必要性を述べた。つまり、初級からの導入を支持し、教科書で扱われた固定的な人間関係ではなく、敬語表現を選択するための「ファクター」が複数あることを指摘し、その中でどの「ファクター」を重視して表現を選択するかという価値判断に着目する必要性を強調している。そのためにも、「気づき」誘導のための指導が効果的であることを述べている。

清（2006）は、清（2001）での発表内容に加え、これまでの敬語表現教育の問題点を日本人の場合、外国人の場合それぞれに挙げた上で、後者には配慮表現の指導や、日本人の言語文化や発想の解説が必要であることなどを、指導実践例を紹介しながら述べている。

内海（2001）は、日本企業に顧客を持ち、専門資格を有し、動機付け、達成目標を明確に認識しているビジネス関係者を対象にした授業報告を行っている。その指導の目標を、日本語のビジネス場面で、学習者の母語や英語で

既に備えている待遇表現の力を発揮させることであると述べている。そのためにも受信に重きを置く指導が効果的であったことが報告され、初級教科書と中級教科書を使用した指導の方法を紹介している。

　内海（2006）は、内海（2001）に加え、会話の観察や分析等によって、学習者の理解を高めることの必要性を論じ、学習者主導の教室活動を紹介するとともに、習得を促すアプローチの方法を示している。達成目標については、教師が学習者に取材した上で、「何がどのようにできるか」という形で記述し、学習者と教師の間でそれを明示的に共有することで、当事者と周辺の第三者の間での意見交換がしやすくなるとしている。これは、品田・吉田・内海（2005）で発表されたCan-do-statements（職務遂行に要する能力を明らかにし、日本語の難易度によって段階付けて記述したもの）と大きく関わっていると思われる。Can-do-statementsの開発が進めば、これまでの担当教師の評価から、より客観的な評価がなされることになる。学習プロセスで職務の内容を可視化し、ビジネスの現場に即した目標設定・プログラムの作成・学習成果の評価を、学習者と企業と共有化することもできる。新たな評価法が確立することになり、今後の開発が期待される。

　オーストラリアにおける観光業日本語コースのデザインと実践を報告したものに、鶯生・舛見蘇・トムソン（1997）がある。これは、オーストラリアの観光産業における日本語の重要性（Thomson 1996）に着目し、観光業日本語という新設コースが作られた際のコース・デザイン、ニーズ分析、学習目標の設定、コース運営、評価についての報告である。教育学、社会言語学の理論と研究結果を基にコース・デザインと運営を行っているが、学習者の期待感とコース目標の差異が見られたこと、学習目標と指導内容の不一致、教材の再選定の必要性があったことなども述べられている。日本においては観光業用の日本語というのは特に重点が置かれていないが、オーストラリアのビジネス分野では依然、観光産業が重要な位置を占め日本語が重要な役割を果たしていることがわかる。

　島田（2002）は書きことばに着目し、非日本語母語話者が書いたビジネス文書を、日本人会社員と日本語教師に添削してもらい、評価の際に両者に異なる視点があるかどうか、また、社内文書と社外文書でその結果に違いがあ

るかという2点を明らかにすることを目的とした量的研究である。分析の結果、会社員は日本語教師と比較すると、全体的に堅い表現を求めること、社外宛のファックスではビジネス表現を多く求めることが明らかになった。さらに、文法の添削は日本語教師ほど行わないことがわかった。非日本語母語話者の書いたビジネス文書に関する研究や資料がほとんどない中、会社員の視点を含めた書きことばの指導の必要性を示唆している。

　アジアでも徐々に実践報告が見られるようになってきている。香港では多言語職場ということを反映してさまざまな試みがなされている。例えば、上田（1995）はテープ通信という学習者中心の活動を導入したことによりインターアクション能力が改善されたことを報告している。そして、宮副（1997、1999）は、香港の言語環境の特殊性とそこでの日本語と日本文化の地位、さらに、求められる日本語能力、さまざまな連携等を説明している。中国語と英語の他に企業が求めているのは、高度な日本語能力であることも紹介されている。宮副（2002）では、香港理工大学日本語プログラム26年間の歩みと4つの特徴、ニーズ調査の結果とそれを反映させた大学院の日本研究課程の内容等が紹介されている。宮副（2003）では、香港の多言語職場で働く同僚たちの談話のうち、仕事関連の話題を例にとり、会話の交渉に着目してインターアクションの特徴を明らかにしている。日本人と香港人の接触場面において、参加者はメッセージに加え、メタメッセージを伝えあっているものの、それぞれのメタメッセージの解釈が相互理解に影響していること等を示している。

　インドネシアでは、エフィ（2004）が、ジャカルタの日系企業に勤務する27名のインドネシア人を対象にした自由記述式のアンケート調査と教材分析をもとに、まず、「許可を求める」「謝罪する」というふたつの場面を選び、機能シラバスと授業案を作成している。次に、実践授業を行い、シラバスや教材、授業の妥当性を、ビジネス関係者・教師・学生へのアンケート調査とインタビュー結果から示している。さらに授業では両国の文化差である談話の流れを意識させることが重要であることを示唆している。日系企業のニーズを踏まえた大学生用日本語会話教材が求められる中、現地のインドネシア人教師がこのような研究を行ったことは意味がある。シラバス・教材開発が

完成することが望まれる。

　タイでは、原田(2004)が、日系企業28社に対してインタビュー調査を行い、会話力を重視しているものの、読み書きに関してもかなり高度なレベルを求めている傾向を示している。また、企業の規模によって求めている日本語能力が異なっていることも述べている。そういったニーズを反映させて初級から初中級レベルのモジュール型のシラバスを作成し、その大まかな内容を紹介している。

　以上の日本語学習に関する研究を、表1.3に示す。

表 1.3　日本語学習に関する研究と実践報告

	研究内容	対象者	場所
高見澤（1987）	米国外交官対象・授業報告	アメリカ人	国内
丸山（1991）	ビジネス分野の専門家の役割	日本人	国内
藤本（1993）	米国大学集中講座・授業報告	アメリカ人	米国
佐野（1993）	米国ビジネススクール直前集中コース・授業報告	アメリカ人	国内
田丸（1994）	米国ビジネススクールの課題	アメリカ人	米国
清（1995、1997）	ビジネス・コミュニケーション上の支障点；スピーチレベル・待遇表現など	日本人、外国人	国内
上田（1995）	テープ通信を用いた日本語コースの試み	中国人（香港）	香港
池田（1996）	ビジネスに関係する文化・習慣の教育の重要性	外国人	国内
池田（1996）	話しことばの語彙調査	日本人	国内
鶯生・舛見蘇・トムソン（1997）	観光日本語・授業報告	オーストラリア人	豪州
清（1998）	待遇表現・授業報告	外国人	国内
松本・山口・高野（1998）	経済分野・授業報告	アメリカ人	国内
島田・澁川（1998）	企業における外国人の日本語使用の実態、目標、企業の要望など	日本人、外国人	国内
島田・澁川（1999）	日系企業と外国人のニーズ調査	日本人、外国人	アジア5都市
宮副（1999）	香港人に期待されるビジネス・社交場面での書く能力	中国人（香港）	香港
佐野（2000）	サマースクールに関する体験学習クラス報告	米国人	国内
池田（2001）	初級のビジネス日本語教育におけるコミュニケーションストラテジーの効果	米国人	米国
内海（2001、2006）	ビジネス場面における敬語・待遇表現の指導	日本人、外国人	国内
清（2001、2006）	待遇表現教育についての方法論と指導法	日本人、外国人	国内
佐野（2002）	5年間のサマースクールに関する授業報告	米国人	国内
島田（2002）	非母語話者のビジネス文書に対する評価	日本人	国内
宮副（2002）	大学院専門日本研究課程の開発	中国人（香港）	香港
宮副（2003）	多言語職場における会話上の交渉	中国人（香港）	香港
エフィ（2004）	企業ニーズを踏まえた会話教材	日本人、インドネシア人	インドネシア
原田（2004）	企業ニーズを踏まえたシラバスの開発	日本人、タイ人	タイ
品川・吉田・内海（2005）	ビジネス日本語の Can-do-statements	外国人	国内

次に、提言、助言を行うことに焦点が置かれたものを紹介する。なお、調査研究ややり取りの研究とはデータを基にしているか否かで区別している。

1.3.1.4　これまでの提言・助言

日本貿易振興会 (1984) は、『日本人と働く法』という著書を出版した。英語が併記され日本のビジネス慣習についての実践例が簡潔に示されている。稟議書といった仕事上のことから、社員旅行といった、いわゆる社内行事まで紹介している。年功序列といった項目など、現在では改定や補足が必要な箇所が見られるが、当時の外国人ビジネス関係者には日本企業を知る上で参考になったと思われる。

高見澤・井岡 (1992) は、『月刊日本語』(1992: 5-21) の「外国人ビジネスマンと日本語」という特集の中で、ビジネス関係者に求められる日本語力を、日本企業と外国人社員のそれぞれの視点から紹介している。そして、海外の日系企業では高度な日本語能力を持つ外国人ビジネス関係者には、日本人と同様の行動様式を日本人ビジネス関係者が要求する場合があることなどを指摘している。他方、日本で雇用された外国人ビジネス関係者は、採用システムや能力の査定の仕方に不満を抱いていることが示されている。

西尾 (1994) は、ビジネス・コミュニケーションを支えるものとして、言語以前にその国の文化やビジネス慣行があることを指摘した上で、1960年以降のビジネス・コミュニケーションと日本語教育の関わりの推移、そしてこれからの展望を示している。その中で、留学生を中心とした従来の日本語教育と異なる点は、第1に、日本人自身のビジネス・コミュニケーション・パターンの分析という新たな研究が必要であること、第2に、ビジネス関係者を取り巻く言語環境や専門語彙の研究を促し、シラバスを含めた教育内容や教材の開発に新しい試みを持ち込んだこと、第3は、ビジネスの実務経験者を対象とした日本語教師の育成が行われたこと、第4は、1対1の個人授業が確立されたことであると説明している。さらに、今後のマルチメディアの発達が、文章の簡潔化、敬語の簡潔化、そして、編集能力の向上に影響を与えることも述べられている。その上で、「日本のビジネス社会にビジネス・コミュニケーションの近代化が定着するには時間がかかる」こと、そして、

「国際ビジネスの場における言語の役割について国内で議論が未熟である」ことという2つの課題を示している。

水谷(1994)では、ビジネス日本語を取り上げて検討することの意味として、第1に、外国人ビジネス関係者が直面している問題点を明らかにすることで外国人ビジネス関係者に対する支援ができるということ、第2に、日本人の日本語に対する見方を反省させる契機となり、日本語観の再構築に貢献する可能性があることが述べられている。そして、「日本的なコミュニケーションの方法が問題を起こしているのは事実」(水谷 1994: 15)であり、国際的なコミュニケーションの中で日本的なやり方を無意識に用いてトラブルを巻き起こす危険性があることを指摘している。公的な話しことばの確立のために、日本人自身の日本語を見直すことが強調されている。

一方、高見澤(1994a)では、日本的ビジネス・コミュニケーションは、対立や決裂を避け、円滑に了解を取り付けることを最優先とする日本人同士のビジネス慣行の所産であるとし、日本のビジネス慣行は長期的、継続的関係を前提にまず相互に信頼を築くことが重視されてきたと説明している。そして、外国人、特に欧米系の外国人が日本語を話す場合は、自分たちの母語のコミュニケーションスタイルが普遍的であることを前提としているために、そのスタイルの違いが双方の不信の原因になると助言を与えている。その上で、外国人にとって日本語が「あいまい」、「不合理で学習困難」とされる論拠を提示している。それは第1に、主語が明示されないことが多い、第2に、語順があいまい、第3に、日本語の立場志向、第4に、待遇表現の使い分けである。さらに、外国人と日本語で効果的なビジネス・コミュニケーションを行うには日本人同士の場合とは異なる努力が求められることに言及している。ここでの提言は外国人ビジネス関係者とのコミュニケーションのあり方を考えさせ示唆に富むものである。しかし、「決裂を回避し、なんとか妥協を達成するためのさまざまな表現方法が工夫されているが、それらがあいまいの原因になっている」(高見澤 1994a: 32)と述べられているものの、「さまざまな表現」とはどのような表現を指すのだろうか。実証研究から明らかにしていく必要があると思われる。

日本人ビジネス関係者の従来のビジネスのやり方に疑問を投げかけ、日本

型ビジネス・コミュニケーションについて再考を促す記事が雑誌『ジェトロセンサー』(日本貿易振興会 1996a)でも紹介された。「グローバル時代のビジネス・コミュニケーション―日本人のビジネス風土を考える」という特集である。主に8人の在日外国人ビジネス関係者から見た日本人のコミュニケーションについての見解が載せられている。ここでは日本とのビジネスは時間を要する、過度の丁寧さがコミュニケーションを妨げるといった意見や見解の紹介に留まり、具体的な分析はなされなかった。しかしながら、この特集記事から、年々ビジネス・コミュニケーションについての関心が高まり、ビジネスの現場で従来の日本的ビジネス風土に基づくコミュニケーションのやり方を疑問視し始めたことが理解できる。

1.3.2　本研究の研究史的位置付け

1.3.1では、日本語によるビジネス・コミュニケーションに関する個々の研究が4つの焦点に基づいていることを示してきた。すなわち①ビジネス活動に焦点が置かれた研究、②ビジネスのやり取りに焦点が置かれた研究、③日本語学習に焦点が置かれた研究、④提言や助言を行うことを目的とした研究という観点から、これまで行われた個々の研究を概観した。日本での研究は、まず量的な調査研究が進められ、最近になり質的研究、例えば会話の機能ごとの分析や、全体構造を明確にする談話分析がなされるようになってきたと言える。一方、海外においてはセールストーク（商談）の分析や会議の分析、そして接触場面におけるインターアクション研究が先行した。西尾(1994)や水谷(1994)、高見澤(1994a)で記されたビジネス・コミュニケーションへの提言を支える実証的な研究が不足していることも明らかになった。また、研究を概観した結果、特に、ビジネスの当事者の視点からの研究は非常に数に限りがあることが明確になった。そのため、ビジネスの実態を探るために、当事者の内部の視点から見たイーミック(emic: Pike & Simons 1996)な解釈を提出することが急務と考える[30]。

　本研究では、日本人ビジネス関係者と外国人ビジネス関係者が共にビジネスをしていく上で、どのような問題が生じているのかを実証的に明らかにし、両者間の問題を解決するために何が求められるのかを探る。実証的な研

究が不足していることは既に述べてきたが、その一方で、筆者は外国人を対象とした日本語教師として、外国人ビジネス関係者がビジネス上のさまざまなことに疑問を感じ問題を抱えているという深刻な現実を見ている。そこで、まず、本研究ではビジネス活動に焦点を置き、外国人ビジネス関係者が問題と感じている点について、外国人ビジネス関係者自身の内部の視点から解明する。前述した第一勧業銀行の調査(1986)によると、日本でのビジネスで理解に苦しむことは、「結論のでない会議が多い」「決定までに時間がかかる」「肩書きを重視する」ことであった。また、「細かいニュアンスが伝わりにくい」「外国人ということで特別視される」といった不満も感じていた。このような点は現在では解決されたのだろうかという疑問が残る。そして調査から年月が過ぎ、日本社会も変化し、外国人ビジネス関係者も国籍、職種、滞在期間など多様化している。現在は外国人ビジネス関係者はどのようなことの理解に苦しんでいるのだろうか。新たな問題が生じている可能性も高いと思われる。さらに、日本貿易振興会の調査(1995)でも、日本人ビジネス関係者と外国人ビジネス関係者の双方へのインタビュー調査から、言語そのものの問題よりは、ビジネス慣習や文化的価値観の相違から生じる誤解や摩擦が多く、深刻な問題になっていることが明らかになっている。紹介されている134の意見はどのような問題や摩擦をビジネス関係者が経験したかということを知る上で貴重であるが、それが個人的見解なのかビジネス関係者に共通したものなのかを判断するのが難しい点がある。そのため、何が問題を引き起こすのか、という共通の要因を明らかにする必要があると考える。さらに、誤解や摩擦の受け止め方というのは、外国人ビジネス関係者の企業形態や国籍、滞在年数といった属性と関係があるかどうかということも明確にする必要がある。

　これらのビジネス活動に焦点を置いた研究を踏まえ、本研究では、現在の外国人ビジネス関係者の問題点を外国人ビジネス関係者当事者の観点から明確にすることを出発点とする(第2章【研究1】)。そして外国人ビジネス関係者の感じている問題点が、日本人同士の会議(第3章【研究2】)と日本人と韓国人の商談(第4章【研究3】)においてどのような形で現れるのか、ビジネス場面のやり取りに焦点を移し、問題の根底にあるものを探ることにす

る。言い換えれば、【研究1】で示される結果は、ビジネス上の問題点の所在を示すことになるので、調査当時の問題点を示した第一勧業銀行(1986)と日本貿易振興会(1996)の研究に、新たな知見を加えるものである。そして、【研究2】と【研究3】は、双方ともやり取りの研究に新たな知見を加える。そして、本研究全体がこれまでの提言や助言を実証的に裏づけることになる。同時に、外国人ビジネス関係者の日本語学習の面でも示唆を与えると考える。以下に先行研究との関係を図示し、それぞれの研究がどこに焦点を置いた研究に新たに知見を加えるのか、また研究全体ではどうかということを表す。

表1.4　本研究の研究史的位置付け

本研究	先行研究	
第1章　先行研究の概観		
第2章　【研究1】外国人ビジネス関係者のビジネス上の問題点の解明	①ビジネス活動に焦点が置かれた研究	④これまでの提言や助言を裏付ける実証研究
第3章　【研究2】会議の実態の解明 第4章　【研究3】商談の実態の解明	②ビジネスのやり取りに焦点が置かれた研究	
第5章　総合的考察	③日本語学習に焦点が置かれた研究への示唆	

　本研究が立脚する理論は、第1に、Berry(1992)と岡崎(2002)の「受け入れストラテジー」である。Berry(1992)では、ある社会に新たな参入者が入ってくる場合、参入側も受け入れ側もそれぞれがストラテジーをとることが報告されている。本研究の【研究3】では、商談において日本人ビジネス関係者がとる受け入れストラテジーに注目する。なお、この受け入れストラテジーに関しては、第3章の【研究3】で詳細に述べる。
　第2は、状況的学習論である。近年、認知科学の分野では、学習に関しての新しい知見が得られ、日本語教育関係者としての認識の改革を促す契機を与えている。つまり、学習とは、個人が知識を受容するのではなく、個人が共同体においてコミュニケーションを通じてそれぞれ実践するプロセスであり、全人的な変容であると考えられている(Lave & Wenger 1991、佐伯

1995、西口 1999)。このような状況的学習論の観点からすると、本研究で扱う外国人ビジネス関係者は、会社の一員として仕事に従事しながら日本語を学習しており、まさに仕事という実践に参加しながら日本語によるビジネス・コミュニケーションを状況的に学習していると捉えることができる。また、教室を日本語学習の共同体と見なし、その実践を分析したいくつかの報告(西口 1998、岡崎 1998、Ohta 2000)もある。これらはビジネス関係者を対象としたものではないが、状況的学習論の本来のあり方である、社会的実践の観察という点では、実際のビジネス場面で何が起こっているかということに対して、この理論を適用することも重要ではないかと考える。

1.4 研究目的

本研究では、日本語によるビジネス上の問題点の解明を、量的研究と質的研究から明らかにする。まず、量的研究により外国人ビジネス関係者の感じている問題点を構成する共通の要因(因子)を探ることから始める。そしてそれらの問題が、商談や会議においてどのような形で現れるのかを質的研究により明確にする。外国人ビジネス関係者と日本人ビジネス関係者の双方を研究対象とすることで、新しい「日本語によるビジネス・コミュニケーション」を構築することを目指す。

1.5 研究の意義

日本語を使用してビジネスに従事する外国人ビジネス関係者がどのような問題を抱えているかということを明確にすることは、外国人ビジネス関係者と日本人ビジネス関係者の誤解を軽減し、ビジネスを円滑に行うために必要であると考える。そして、外国人ビジネス関係者の日本語の学習を支援するという意味でも重要である。しかし、研究の意義はそれだけではない。水谷(1994)は、「ビジネス日本語」を取り上げて検討することの意義を次のように述べている。

> ひとつには国際化の激しく進展する中で、外国人がビジネス社会の中で直面している問題点を明らかにすることで外国人学習者に対する支援ができるということであるが、それとともに、逆に日本人の日本語に対する見方に反省の機会を作り、日本語観の再構築に貢献する可能性があると見ることができる。
>
> （水谷 1994: 15）

　これは、先に述べたグローバル時代のビジネス・コミュニケーションにおいて「日本的ビジネス風土」を疑問視する声（日本貿易振興会 1996）とも一致している。つまり、本研究で示す結果が、日本語の学習を支援することに加え、日本人ビジネス関係者の使用する日本語についても見直す契機となり、これまでの提言や助言を裏付ける実証研究となって、両者間の問題の解決につながると考える。

1.6　研究の構成

本研究では、日本語を媒介語にした場合のビジネス上の問題点を解明する目的において、次のような構成をとる。

　まず、第1章ではこれまで、研究の背景を社会、経済、そして日本語教育の観点から述べた。ビジネス・コミュニケーションに関する用語の定義を明確にした上で、外国人ビジネス関係者と日本語学習の特徴を挙げた。そして、4つの焦点に基づきビジネス関係者を対象とした研究を概観し、本研究との関連を示した。そして、日本語によるビジネス上の問題点に関する研究を行う意義を述べた。

〈本研究の課題〉

（1）　①ビジネス・コミュニケーションに携わる外国人ビジネス関係者はどのような問題を抱えているか。【研究1】
　　　②外国人ビジネス関係者の属性は問題の把握に影響を与えているか。【研究1】
（2）　母語場面のビジネス会議にはどのような特徴があるか。【研究2】
（3）　接触場面の商談において、日本人ビジネス関係者はどのような受け入れストラテジーをとっているのか。【研究3】

本研究の構成

```
┌─────────────────────────────────────────────────────────┐
│ 第 1 章  序論                                            │
│                                                         │
│ 研究の背景・用語の定義・外国人ビジネス関係者の特徴・企業動向・日本語学習  │
│ の特徴・先行研究・研究目的・意義・構成                    │
└─────────────────────────────────────────────────────────┘
```

↓

```
┌─────────────────────────────────────────────────────────┐
│                        量的研究                         │
├─────────────────────────────────────────────────────────┤
│ 第 2 章                                                  │
│ 【研究 1】接触場面                                       │
│       外国人ビジネス関係者のビジネス上の問題点の解明     │
└─────────────────────────────────────────────────────────┘
```

↓

```
┌─────────────────────────────────────────────────────────┐
│                        質的研究                         │
├──────────────────────────────┬──────────────────────────┤
│ 第 3 章                      │ 第 4 章                  │
│        日本語母語場面         │    接触場面(韓国人と日本人)│
│                              │                          │
│ 【研究 2】                   │ 【研究 3】〈事例 1〉〈事例 2〉│
│ 日本人同士の会議の実態の解明  │ 日本人ビジネス関係者の受け入れス│
│ ―「仕事の非効率」とは?―      │ トラテジーの解明          │
└──────────────────────────────┴──────────────────────────┘
```

↓

```
┌─────────────────────────────────────────────────────────┐
│ 第 5 章  総合的考察                                      │
│                                                         │
│ 研究のまとめ・総合的考察・ビジネス関係者への示唆・日本語教育関係者への示唆・│
│ 研究分野への示唆                                         │
└─────────────────────────────────────────────────────────┘
```

〈新しい日本語によるビジネス・コミュニケーションの構築に向けて〉

第2章の【研究1】では、日本語によるビジネス・コミュニケーションに携わる外国人ビジネス関係者の観点から、ビジネス上の問題点を質問紙調査より明確にする。さらに、問題点と外国人ビジネス関係者の属性（出身圏、滞在年数など）との関係も明らかする。

　次の第3章【研究2】は、【研究1】で明らかになった外国人ビジネス関係者が「仕事の非効率」に問題を感じているという結果を踏まえて研究を行う。実際に日本人ビジネス関係者同士（母語話者場面）の会議を分析し、その実態を探る。会議場面を選択した理由は、因子分析において会議に関する項目が因子負荷量の上位を占めていたからである。必要以上に時間のかかることや結論のでないこと、その運営方法、回数の多さに不満を持っていることが【研究1】で明確にされ、さらに研究を進めていく意義が認められた。会議の場面の中でどの場面を取り上げるかについてはいくつかの可能性が考えられることは前述したとおりである（1.2.3 会議の定義参照）。先行研究（Yamada 1992、1997）と比較対照するために、改まった度合い（formality）が類似している既知の者同士のデータを取り上げる。そして会社間会議での特徴を見ていく。

　また、接触場面ではなく母語場面を選択した理由は、次の3点である。第1は、接触場面の問題点を軽減するためには、日本人ビジネス関係者自身が自分たちの会議の実態を把握することが急務であると考えたからである。外国人ビジネス関係者を交えた接触場面の会議の分析も無論必要であるが、まず、母語場面の会議の実態、すなわち己の姿を知ることが先決と考えた。自分の実態を知り、かつ相手を知るということが重要であろう。なお、先行研究で紹介したこれまでの提言（1.3.1.4 参照）の中でも、母語場面の分析の必要性は西尾（1994）、水谷（1994）により指摘されている。第2は、前述したことではあるが、先行研究（Yamada 1992、1997）が母語場面を扱っており、【研究2】がその追従研究として位置付けられるからである。先行研究は社内会議を分析しているのに対し、【研究2】は会社間会議を分析対象としている。第3に、社会的必要性からである。例えば、産業再生法改正により外国企業が経営再建中の日本企業を買収しやすくなったことから、外資系企業による国内企業買収が加速化している。この改正法が意味することは、

これまで認められていなかった外国企業の株式交換が認められることで、経営不振に陥っている日本企業の親会社に外国企業がなることを推進しているということである。そのため、これまで日本人のみを相手にビジネスを行ってきた日本人ビジネス関係者でさえ、突如、外国人ビジネス関係者を上司や同僚、客先として迎え会議を行うことになる可能性は今後高まると考える。そのためにも、より汎用性のある母語場面の特徴を見出すことが先決と考えられる。以上の3つの理由から、【研究2】では母語場面における会議の実態の解明を行う。

　研究課題は、先行研究 (Yamada 1992、1997) を踏まえ、第1に、トピックはどのように展開されるのか、第2に、課題決定と人間関係維持とはどのような関係にあるかの2点である。前者は、社内会議においてトピックが循環する (Yamada 1992) という指摘があるが、会社間会議ではトピックがどのように展開するかを見ていく。社内会議に比べ、会社間会議はビジネスが中心にあり、なおかつ儀礼的であるため、トピックが脇道に逸れることなく線状に進むとも考えられる。さらに、トピック展開を分析することで、案件や課題がどのように議論されているか、そのプロセスも明らかになると思われる。後者は、会議の目的は人間関係維持である (Yamada 1997) という指摘を踏まえ、決定場面において決定より人間関係が優先されるのかという点を観点として分析する。外国人ビジネス関係者は結論が出ないことに不満を抱いていることが【研究1】で明らかになったため、日本人独自の決定場面の特徴があると考える。これらを分析、考察することにより、日本人ビジネス関係者の間では当たり前と思われ無意識の合意のもとに営まれているが、実は外国人ビジネス関係者の目には非効率に映り、不満や誤解をもたらしている日本人ビジネス関係者の言語行動やビジネス慣習が浮き彫りになると考える。

　第4章は、分析場面を接触場面に移す。日本人同士のビジネスに慣れた日本人ビジネス関係者が外国人ビジネス関係者と商談を行う時、どのようなストラテジーをとるのだろうか。【研究1】におけるアジア系ビジネス関係者が欧米豪系とは異なる深刻な問題を抱えているという結果を踏まえ【研究3】を行う。これは実際の商談において日本人ビジネス関係者は韓国人側

(ビジネス関係者と通訳)に対し、どのような受け入れストラテジーをとっているか(同化ストラテジーなのか多文化ストラテジーなのか)を探ることを目的にした事例研究である。その際、日本人ビジネス関係者は韓国人側にどのようなルールを適用するかという研究課題を設定した。すなわち、母語(日本語)場面のルールの適用か、外国人(韓国人)を尊重した相手の国のルールか、ビジネスの国際語である英語のルールの適用か、あるいはその場で新しいルールを作り上げるかということを分析観点にする。韓国人との商談に焦点を当てた理由は、近年、日本との結びつきも深まり、経済成長と地理的条件から今後も韓国人との接触場面の機会増加が見込まれていること、そして両者の間は日本語が媒介語として使用される機会が多いことからである。第4章は2つの事例からなるが、その理由は日本人ビジネス関係者が母語場面のルールを固持し韓国人側に同化を求めた場合(【事例1】)と、相手が外国人であることを尊重し歩み寄ろうとする姿勢を持った場合(【事例2】)の双方が観察されたことによる。しかしながら、後者の歩み寄ろうとした場合でさえ、母語場面のビジネスルールに従い、コミュニケーションの失敗を招いた箇所も見られる。心理的に歩み寄ることと言語行動が歩み寄ることには差異があることが確認される。このような2つの事例から、主に日本人ビジネス関係者へ示唆するところを見出そうとした研究が第4章である。

そして、第5章では、【研究1】から【研究3】で得られた結果についての総合的考察を行う。ビジネスにおける多文化共生社会はどのようにすれば可能になるのか。「同化」ではなく「多文化」を目指すには、日本人ビジネス関係者に何が求められるのか。外国人ビジネス関係者はどうであろうか。また、日本語教育の現場で行えることは何であろうか。

本研究の目的は日本語によるビジネス・コミュニケーションの実態を、母語場面と非母語場面(接触場面)の双方から解明し、その問題点と改善策を探ることである。ここから、外国人ビジネス関係者と日本人ビジネス関係者間の新しいビジネス・コミュニケーションを構築するための提案を行いたい。

注

1 「とくに、直接投資によって、海外へ進出した場合は、相手国の社会・文化の中でビジネスを遂行できる能力」を例に挙げている(永尾 1993: 47)。
2 西尾(1994)では、日本人のビジネスのコミュニケーション・パターンの分析の必要性を指摘している。
3 「例えば名刺交換による挨拶、会議の運び方、組織としての上下内外の敬語行動」等を挙げている(西尾 1994: 9)。
4 ビジネスとは、「ひとつの組織に属している人間が、同じ組織あるいは、他の組織に属している人間と、その組織の機能、またはその目的を達するために何らかの関わり合いを持つ行為である」(藤本 1993: 10)とする。
5 非常に改まった場合は、ミーティングと区別してコンファレンスと呼ばれているという。なお、打ち合わせとは、「前もって相談しておくこと」(小学館国語辞典編部 2001: 279)、「計画などのために、事前に話し合うという意味」(田忠魁他編 1998: 458)とされている。
6 韓国語、中国語訳は第 2 章の章末にある資料を参照されたい。
7 WHO、ILO 等の公式的な国際会議では、国際法に基づき運営方法、ルールの適用等が細かに規定されている(Sabel 1997)ものもある。しかし、そのような規定に基づく公式的なものは本研究では取り上げていない。それは、①文化差や日常の営みも分析対象とするためと、②先行研究との比較対照を行うための 2 点の理由からである。
8 談話を素材にした研究には談話分析、会話分析、インターアクション分析、認知的エスノグラフィーといったさまざまな呼び名があるため(茂呂 1997)、本研究では「ビジネスのやり取りの研究」という用語を用いた。
9 話段とは、「一般に、談話の内部の発話の集合体(もしくは一発話)が内容上のまとまりを持ったもので、それぞれの参加者の『談話』の目的によって相対的に他と区分される部分である。前後の発話集合(もしくは一発話)がそれぞれの参加者の『目的』となんらかの距離と関連を持つことによって区分される」(ザトラウスキー 1991: 84–85)と定義されている。
10 会議場面を取り上げているが、3 つのデータの中にビジネスとは関係のないデータが含まれており、ビジネス場面の特徴を探る本研究の目的とは異なるため、本章では詳細を紹介しない。
11 本文では「熟練度」となっている。
12 調査は NHK 放送研修センター日本語センターによるものである。

13 「話体とは、書きことばの文章体にあたり、それを構成する一文一文が話体文となる。音声言語である話しことばでは、この話体文と提示される情報単位、呼気段落が適切に連動することが分かりやすさを促進する要素である。」(秋山 1994: 40) と説明している。
14 小林 (1993、1994) と木下 (1994) は地球産業文化研究所主催の調査 (1992 年) の結果である。
15 当時は会議で英語を使用することが多かった。会議で日本語をどの程度使用するかという点については、日本人駐在員が日本語を話すのは 8 割近くを占め、営業・販売部門と生産・技術部門で比率が高かった。英語と日本語の二重構造が見られた。日本人と会議をすると、「時間が倍かかる」「何も決まらない」などとローカルスタッフの不満が示されている。
16 ムーブとは、「発話 (utterance) よりも小さい談話 (discourse) の単位」である (リチャード他編 1985: 240)。
17 原文ではビジネスピープル。
18 OPI 評価基準で、上級の上と超級を A グループ 25 名、中級の上と上級の下を B グループ 52 名としている。
19 原文ではビジネスマン。
20 アルク編集部 (1992) は「企業内の外国人社員に対する日本語研修」について 77 社を対象とした質問紙調査を行っている。採用に積極的な企業は、「外国人社員の特殊能力・技術を活用するため」、「企業として『国際化』に対応するため」という意見が多数であったが、日本語教育を行っている企業は半数 (37 社) のみであるという現状が報告されている。
21 ソウル・大連・クアラルンプール・香港・バンコクの 5 都市である。
22 例えば、ソウルの企業 (日本人人事担当者) の回答は 17 社であり、クアランプールは 162 社となっている。
23 法務省入国管理局調査によると、1992 年末には長期間日本に滞在しビジネスに従事する外国人の数が、約 8 万 6 千人に達している (田島 1994)。米国での大学院でカリキュラムに日本語が取り入れられた (田丸 1994) のもこの頃である。
24 筆者は、2001 年と 2003 年に「ビジネス・社会」(アメリカ・カナダ大学連合日本研究センター) の授業を担当した。
25 松本・山田・高野 (1998) では、先行研究の概観を示すことを目的とした李 (2002) には触れられていない。

26 雑誌『AJALT』(1993)の「ビジネス日本語を考える」という特集の中で紹介されている。
27 当時の実践報告は高見澤(1987)と丸山(1991)のみであった。
28 藤本はこの経験を基に、教科書『ビジネスマンのための実戦日本語(Japanese for Professionals)』(国際日本語普及協会 1998)を作成した。
29 「あたかも表現」とは、本来は自分にある決定権が相手にあるかのようにする表現、相手にある利益をあたかも自分にあるかのようにする表現をいう。
30 Pike & Simons (1996) のいうイーミック (emic) とは個々の言語に特有な音韻体系 (particularized PHONEMIC units) の phonemic からの造語である。イーミックな分析とは、個々の言語に特有な部分に焦点を当て機能面を重視した、当事者的な視点を有したものである。Pike は、言語と文化とは切り離せない 2 つのものであることを前提に、この理論をその他の人間行動の分析、記述に適用した。そして、言語や文化には普遍的なものと、その変異 (variants) があることを指摘し、異文化で効率よく働くためには、文化ごとの変異 (local variants) を理解することが必要であると述べた。そのためには、文化特有な有用な助言を得ること (obtaining useful emic advice) が重要であるとした。一方、エティック (etic) とは、一般化された IPA のような音声体系 (a generalized PHONETIC academic system) の phonetic からの造語である。エティック的分析とは、どんな言語にも起こりえる普遍的な部分に焦点を当てた、第三者的客観的な視点をもつものを指す。本研究では、当事者の問題点を解明するために、イーミックな分析も必要と考える。

第 2 章
外国人ビジネス関係者の
ビジネス上の問題点に関する研究
― その問題意識と属性の影響 ―
【研究 1】

第 1 章では、日本経済の国際化に伴い、実際に日本語を使用する外国人ビジネス関係者が増えてきたものの、日本で日本人を相手に、あるいは日本人と共に働く外国人ビジネス関係者の実態に関して実証的に記述された論文の数が極めて少ないことを指摘した。そこで、第 2 章では、両者の接触場面において、外国人ビジネス関係者にとって何が問題なのかということを、外国人ビジネス関係者の意識面と属性の観点から明確にすることを目的とする。研究方法として質問紙調査を行うが、これは、日本で日本語を使い、ビジネスに従事する当事者の視点に立つことが必要であると考えるからである。例えば、日本人のこれまでの常識、習慣などを、「当たり前」と感じていない外国人ビジネス関係者は、ビジネス上、どのような問題をもっているのだろうか。質問紙調査を基に、外国人ビジネス関係者の感じている問題点を具体的に明らかにしていく。

2.1　研究目的と研究課題

日本人ビジネス関係者との接触場面における外国人ビジネス関係者のビジネス上の問題点を解明することを目的として、次の 2 つの研究課題を設定した。

　　研究課題 1：外国人ビジネス関係者が感じているビジネス上の問題点を

構成する要因（因子）は何か。

研究課題2：外国人ビジネス関係者のビジネス上の問題点の把握に、属性（出身圏や年齢、滞在期間など）は影響を与えているか。

2.2 研究方法

2.2.1 予備調査

質問紙作成の準備段階として、日本で仕事をしている外国人ビジネス関係者にインタビュー（自由面接）を行い、日本でのビジネス上の体験や意見、感想を語ってもらった。インタビュー対象は外国人18名である。国籍、年齢などは以下の表に示す通りである。なお、インタビュー時間は20分から長

表 2.1　インタビュー対象者

	国籍	年齢	業種
1.	日系ブラジル人	43才	コンピュータ、SE
2.	ドイツ人	34才	製造、営業
3.	オーストラリア人	30代前半	製造、弁護士
4.	ベトナム人	40代	マスコミ（放送）
5.	中国人	30代前半	秘書、通訳、受付
6.	アメリカ人	40代後半	製造、販売
7.	中国人	20代後半	研究員
8.	アメリカ人	30代前半	マスコミ（記者）
9.	中国人	30代前半	金融、研究員
10.	中国人	30代前半	製造、研究員
11.	中国人	30代後半	製造、研究員
12.	中国人	20代後半	商社、営業
13.	オーストラリア人	20代前半	商社、営業
14.	アメリカ人	55才	イベント、土地開発
15.	イギリス人	30代前半	マスコミ（出版）
16.	台湾人	30代前半	コンピュータ、営業
17.	韓国人	30代前半	商社、営業
18.	オーストラリア人	40代前半	公務員

※ 4.5. 以外はすべて男性

いもので1時間半であった。

2.2.2　質問用紙の作成
上記のインタビューでの回答から約120項目のステートメントを得た。質問用紙の作成について主な留意点は次の2点である。1点目は、ひとつひとつの質問が、できる限り単純な事柄を尋ね、容易に答えられるように作られていること、2点目は、標準化され一般化された平易な内容であること。つまり、質問が誤解なく解釈され無理のないありのままの現状が回答できるようにすることである。

　まず、質問紙を作成し、その後以下のような調整、検討を3回行った。

<u>第1回目</u>
日本語教育関係者3名と共に次のことを検討した。

（1）　質問項目の妥当性
全部で123の内容から質問項目を62まで絞り込み、その質問項目が外国人ビジネス関係者の仕事の要因を構成する項目であるか、その妥当性を調べた。

（2）　ワーディング
以下の諸点について検討した。
・語句：外国人に対して難解な語句、曖昧な言い回しがないか。
・文章：主語が明確にされているか。質問が曖昧ではないか。
・内容：被調査者個人の経験を踏まえたものであるか。

<u>第2回目</u>
日本語教育関係者15名に質問62項目について意見と感想を求めた。この時点で質問の内容に被調査者個人の経験と日本社会に対する意見が混在しているという指摘を受けた。その結果、一般的な意見を聞いているのではないことを明記し、被調査者が質問紙の内容を経験していない場合を考慮して選

択肢に「わからない」の項目を設けた。

第3回目
日本語教育関係者1名と共に次のことを検討した。

（1）　質問項目の妥当性
質問項目を62から43項目にした。

（2）　ワーディング
第2回目の指摘を踏まえ、個人の経験について答えてもらうように配慮した。諸問題の現状（実態）を把握することを目的とし、その主旨が伝わりやすいように、「～に問題を感じる」という表現で質問項目を統一することにした。

（3）　フェースシート
属性との関連性を分析するためにできる限り被調査者の個人情報を収集する手段としてフェースシートを作成することにした。質問項目は、個人、仕事、日本語の学習経験についてとした。

2.2.3　質問紙の構成
質問紙は全部でA3用紙4枚である。フェースシートと質問文からなっている。質問文は、43の質問項目から構成されている。以下は質問例である。質問紙は章末の資料を参照されたい。

　　質問（1）　わたしは、会社からわたしに与えられた権限と責任が軽いことに問題を感じる。
　　質問（2）　わたしは、会社がわたしを有効に活用しないことに問題を感じる。
　　質問（3）　わたしは、仕事の後で会社の人と飲みに行くことに問題を感じる。

43の内容について、「強く賛成する」「賛成する」「どちらでもない」「反対する」「強く反対する」の5点尺度で評定してもらう。質問内容について経験がない場合のために「わからない」という欄も設けた。日本語による読み誤りを防ぐため、被調査者の母語を考慮して、英語、中国語、韓国語の3カ国語の翻訳を用意した[1]。中国語と韓国語版は章末の資料を参照されたい。

2.2.4 被調査者

関東圏で日本語を使用してビジネス活動に従事している外国人会社員[2]142名に依頼し、欠損値を含むものと日本語能力が初級レベルのものを除いた100名を分析対象とした。以下に被調査者の属性を示す。

- ①会社　　：日本企業勤務者72%、外資系企業勤務者28%
- ②出身圏　：アジア圏（中国・韓国）49%、欧米豪系51%
- ③滞在期間：5年未満51%、5年以上49%
  3年未満28%、3年以上10年未満60%、10年以上12%
- ④日本語能力：上級46%、中上級54%[3]
- ⑤性別　　：男性75%、女姓25%
- ⑥年齢　　：35才未満73%、35才以上27%

なお、以上の被調査者の属性については、図2.1に示す。

配布にあたり、大学、日本語学校の教員、友人・知人、アメリカ人主催の異文化・異業種交流会の方々の協力を得た。調査紙は、筆者が直接被調査者まで持参したものや、郵送したもの、Eメールで送付したものがある。回収率は80%以上であった。

【会社の種類】
外資系企業 28%
日本企業 72%

【出身国】
ドイツ 7%
イギリス 7%
オーストラリア 8%
アメリカ 29%
中国 36%
韓国 13%

【滞在期間】
5年以上 47%
5年未満 53%

【日本語能力】
上級 46%
中上級 54%

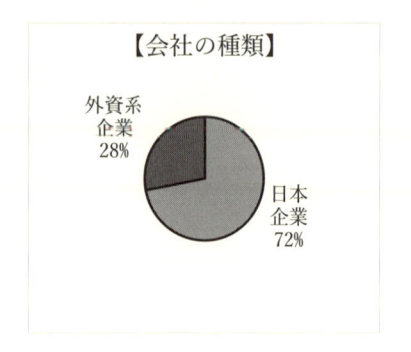

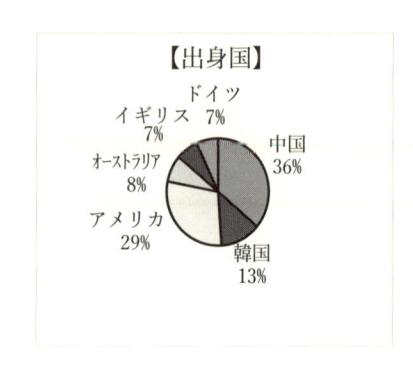

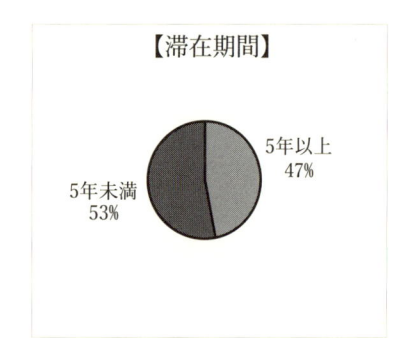

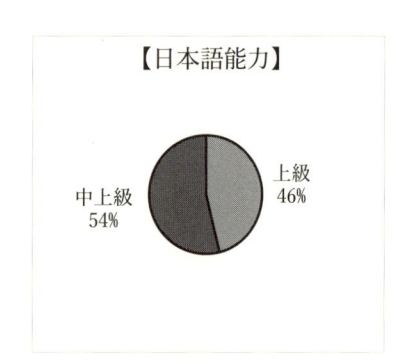

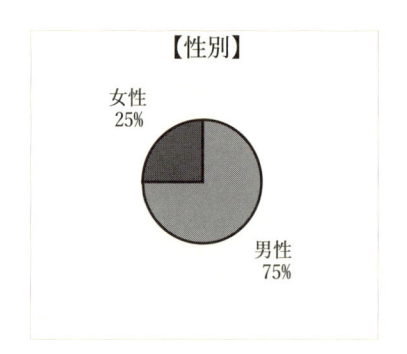

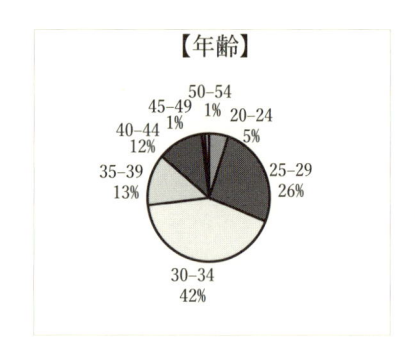

【性別】
女性 25%
男性 75%

【年齢】
50-54 1%
45-49 1%
20-24 5%
40-44 12%
35-39 13%
25-29 26%
30-34 42%

図 2.1　被調査者の属性

2.3 研究課題1の結果と考察

まず、研究課題1の問題を構成する因子についての結果と考察を述べる。次に、研究課題2である構成因子と外国人ビジネス関係者の出身地や国籍といった属性との関連性についての結果と考察を述べる。

2.3.1 問題を構成する因子（研究課題1の結果）

分析対象とした100名の調査回答をもとに、各質問項目の相関関係を共通の要因（因子）に要約するために因子分析を行った。分析手法は統計ソフト、SPSSによる主因子法、バリマックス回転を採用した。その結果、因子のまとまりと解釈のしやすさという点から因子数を4つに決定した。第一因子に9項目、第二因子に9項目、第三因子に5項目、第四因子に7項目が集まった。

（1） 因子数の決定

回転前の初期分析で因子数を1.00にし、1因子性がどれぐらい強いかを確認した。その結果21.6%であった。次にバリマックス回転をし、抽出された因子を確認した。バリマックス回転とは、因子の軸を回転することで、各項目の因子負荷量（因子に支配される程度）が、どちらか一方の因子に対して大きくなるので、因子の解釈が容易になるために行うものである。その結果、4因子と6因子が有力ということがわかった。2因子、3因子のそれぞれでも因子数を設定し分析したが、因子の意味的まとまり、解釈のしやすさという点で因子数を4に決定した。

しかし、因子内には共通性が低いものがあり、0.2以下のものを取り除くことにした。共通性の低いものは質問項目35、15、14、27、33、10であった。これら6項目を除去して、再度因子分析を行った。

なお、因子数4と因子数6の対応を表2.2に示す。表中の番号は質問項目の番号を表す。

表 2.2　因子数 4 と因子数 6 との対応

因子数 4	質問項目	因子数 6	因子数 4	質問項目	因子数 6
第一因子	16	（第 1 因子）	第三因子	32	（第 2 因子）
	12	（第 1 因子）		30	（第 2 因子）
	11	（第 1 因子）		31	（第 2 因子）
	13	（第 1 因子）		26	（第 2 因子）
	17	（第 1 因子）		40	（第 2 因子）
	9	（第 1 因子）			
	19	（第 1 因子）			
	6	（第 1 因子）			
	5	（第 1 因子）			
第二因子	24	（第 3 因子）	第四因子	38	（第 4 因子）
	25	（第 3 因子）		29	（第 4 因子）
	23	（第 3 因子）		37	（第 4 因子）
	7	（第 3 因子）		28	（第 4 因子）
	20	（第 3 因子）		36	（第 4 因子）
	22	（第 3 因子）		34	（第 4 因子）
	4	（第 3 因子）		18	（第 4 因子）
	3	（第 5 因子）			
	2	（第 5 因子）			

　第二因子にある下位項目 3 と 2 は第 5 因子に属する。項目 3 と 2 は双方とも会社内での日本人との複雑な人間関係を示している。故にこの表から因子数 6 のときの上位 5 因子までが、第四因子までにまとめられたといえる。また第六因子は 39 と 35 の 2 項目である。それぞれ因子負荷量は、0.50258 と 0.40909 であり、特に 35 の負荷量は小さい。なお、39 は第三因子の「仕事にまつわる慣行」に、35 は第四因子の「文化習慣の相違」にそれぞれ含まれると考えられる。以上のことより、因子数 4 で十分解釈可能だとわかった。

（2）　因子の命名

抽出された 4 つの因子について、因子負荷量（各因子と各項目の関係の強さ：

ⅠからⅣ)の高い各項目の内容的特徴から次のように命名した(因子構造については表 2.3 を参照)。表の左から、各因子と、因子を構成している項目、因子負荷量を示す。表の下には、抽出された因子の影響力(説明力)を示す固有値、因子が全体の分散の占める割合を示す寄与率、及び累積寄与率を示す。

第一因子: 不当な待遇
第二因子: 仕事の非効率
第三因子: 仕事にまつわる慣行の相違
第四因子: 文化習慣の相違

表 2.3　因子分析結果

因子	項目番号	項目	Ⅰ	Ⅱ	Ⅲ	Ⅳ	共通性[4]
第一因子	16	わたしは、会社がわたしを有効に活用しないことに問題を感じる。	.774	.129	.038	.114	.630
	12	わたしは、会社からわたしに与えられた権限と責任が軽いことに問題を感じる。	.772	.022	.046	.243	.658
	11	わたしは、外国人という理由で会社で差別されていることに問題を感じる。	.635	.182	.035	.319	.540
	13	わたしは、外国人という理由で与えられる仕事に日本人の同僚と差があることに問題を感じる。	.562	.246	.114	.143	.410
	17	わたしは、外国人という理由で、昇進に不利だということに問題を感じる。	.538	-.087	.045	.286	.381
	9	わたしは、外国人という理由でわたしに多くのことを期待していない会社に問題を感じる。	.533	.235	-.118	.267	.424
	19	わたしは、わたしの仕事を自分一人で進めることができないことに問題を感じる。	.525	.300	-.065	.116	.383
	6	わたしは、会社で言いたいことをはっきり言わないわたし自身に問題を感じる。	.462	.130	.199	-.149	.292
	5	わたしは、自分自身が思っていることをはっきり言えない会社の雰囲気に問題を感じる。	.428	.225	.343	-.039	.353

第二因子	24	わたしは、必要以上に時間のかかる会議に問題を感じる。	-.034	.756	.081	.143	.600
	25	わたしは、結論のでない会議、または会議のやり方に問題を感じる。	.049	.755	.207	-.03	.615
	23	わたしは、会議の数の多さに問題を感じる。	-.016	.666	.051	.230	.500
	7	わたしは、会社で言いたいことをわたしにはっきり言わない周りの日本人に問題を感じる。	.193	.542	.127	.129	.364
	20	わたしは、会社の中や取引先と、ひとつのことが決まるまで、時間がかかりすぎることに問題を感じる。	.120	.508	-.006	.182	.306
	22	わたしは、周りの日本人の仕事の効率の悪さに問題を感じる。	.177	.491	.107	.074	.2907
	4	わたしは、自分がごまをすらなければならない雰囲気に問題を感じる。	.310	.489	.054	.042	.340
	3	わたしは、周りの日本人がごまをすることに問題を感じる。	.219	.487	-.023	.199	.325
	2	わたしは、会社の複雑な人間関係に問題を感じる。	.292	.402	.121	-.008	.262

第三因子	32	わたしは、仕事の後でわたしが接待されるのに抵抗を感じる。	-.002	.073	.799	.057	.647
	30	わたしは、仕事の後で会社の人と飲みにいくことに問題を感じる。	.061	.091	.771	.178	.637
	31	わたしは、仕事の後でお客さんを接待するのに抵抗を感じる。	-.019	.046	.764	.156	.61
	26	わたしは、ひとつのことを決定する前の、根回しに問題を感じる。	.223	.288	.537	.060	.424
	40	わたしは、わたしが深くお辞儀をするのに問題を感じる。	.099	.105	.499	.254	.334

第四因子	38	わたしは、周りの日本人がわたしに日本人のようにふるまうことを期待していることに問題を感じる。	.291	.151	.187	.604	.508
	29	わたしは、その日のわたしの仕事が終わっても、先に帰りにくい会社の雰囲気に問題を感じる。	.221	.125	.180	.548	.397
	37	わたしは、周りの日本人がわたしの国の習慣や文化を理解しようとしないことに問題を感じる。	.068	.051	.033	.540	.300
	28	わたしは、その日の仕事が終わっても会社に残る日本人に問題を感じる。	.059	.212	.134	.527	.344
	36	わたしは、周りの日本人が会社に遅くまでいることに問題を感じる。	.023	.125	.087	.521	.295
	34	わたしは、わたしが仕事で家族を犠牲にすることに問題を感じる。	-.045	.237	.230	.428	.295
	18	わたしは、外国人という理由で、給与体系に差があるということに問題を感じる。	.266	.095	.065	.403	.247

固有値	8.116	2.638	2.200	1.578
寄与率（%）	21.9	7.1	5.9	4.3
累積寄与率（%）	21.9	29.1	35	

　第一因子は、項目 16 の「わたしは会社がわたしを有効活用しないことに問題を感じる」(因子負荷量：0.774、以下数字のみ表示)、12 の「わたしは、会社から与えられた権限と責任が軽いことに問題を感じる」(0.772)、11 の「わたしは外国人という理由で会社で差別されていることに問題を感じる」(0.635) などが上位にきていることから、これらは会社の待遇に問題を感じているものであることがわかる。そこで、会社における「不当な待遇」と命名した。表 2.3 で示したように第一因子のみで全体の 21.9% を説明することができる。

　第二因子は、会議に関する問題がまず存在する。項目 24 の「わたしは、必要以上に時間のかかる会議に問題を感じる」(0.756)、25 の「わたしは、結論のでない会議とそのやり方に問題を感じる」(0.755)、23 の「わたしは、会議の数の多さに問題を感じる」(0.666) から主に構成されている。次に、「ごますり」など、人間関係についての問題がある。項目 7 の「わたしは、会社

で言いたいことをわたしにはっきり言わない周りの日本人に問題を感じる」(0.542)や、4の「わたしは、自分がごまをすらなければならない雰囲気に問題を感じる」(0.489)、3の「わたしは、周りの日本人がごまをすることに問題を感じる」(0.487)が上位にきている。これらは仕事の効率の悪さにつながることから「仕事の非効率」と命名した。

第三因子は、「接待」や「飲みに行くこと」「根回し」といった問題がある。項目32の「わたしは、仕事の後でわたしが接待されるのに抵抗を感じる」(0.799)、30の「わたしは、仕事の後で会社の人と飲みに行くことに問題を感じる」(0.771)、31の「わたしは、仕事の後でお客さんの接待をするのに抵抗を感じる」(0.764)から構成されている。そして、26の「わたしは、ひとつのことを決定するまでの根回しに問題を感じる」(0.537)、40の「わたしは、わたしが深くお辞儀をするのに問題を感じる」(0.499)がある。総括して、「仕事にまつわる慣行の相違」と命名した。

第四因子は、外国人ビジネス関係者が一方的に日本人ビジネス関係者のやり方への同化を求められていることや、遅くまで働く日本人ビジネス関係者の中で、先に帰りにくい雰囲気に問題を感じていることから構成されている。項目38の「わたしは、周りの日本人がわたしに日本人のようにふるまうことを期待していることに問題を感じる」(0.604)や37の「わたしは、周りの日本人が習慣や文化を理解しないことに問題を感じる」(0.540)、29の「わたしは、その日のわたしの仕事が終っても、先に帰りにくい会社の雰囲気に問題を感じる」(0.548)、36の「わたしは、周りの日本人が会社に遅くまでいることに問題を感じる(0.521)や、34の「わたしは、わたしが仕事で家族を犠牲にすることに問題を感じる」(0.428)などである。習慣や文化への理解を日本人が示さない中で、被調査者が同化を求められること、先に帰りにくい雰囲気があることに問題を感じていることから、「文化習慣の相違」と命名した[5]。

2.3.2 考察

上記の因子分析の結果、4つの因子が抽出され、それらは第一因子「不当な待遇」、第二因子「仕事の非効率」、第三因子「仕事にまつわる慣行」、第四

因子「文化習慣の相違」であった。これらに対しどのような解釈が可能であるか、以下に考察を述べる。

第一因子の「不当な待遇」は、「外国人」として日本人ビジネス関係者とは異なる処遇に対する不満を示していると思われる。また、被調査者の仕事に対するモチベーションの低下を引き起こすと考えられるもので、待遇への不満の度合いが高かったことがわかる。見方を変えれば、会社への要望、期待の裏返しとも考えられ、寄与率21.9％と際立って高いことからも注目に値する。

第二因子の「仕事の非効率」は、必要以上に時間がかかり結論らしきもののでない会議のやり方やひとつのことが決定するまでに長い時間を要することなど、日本特有の時間の割り振りや人間関係といった、長い間に培われ、根づいた企業文化（慣習）に対する不満ともいえる。母国で経験した労働環境とは異なるために問題と認識されたのであろう。日本人ビジネス関係者であれば、あまり気がつかない時間についての観念や、決定よりはそれに向けての共通理解を得ることを重視するような会議の運営方法に対する批判は、異文化出身ゆえの感じ方とも考えられる。

第三因子の「仕事にまつわる慣行」は、これもまた日本に長く根づいたものである。5時以降に接待があることや会社の人と飲みに行くことなどは他国ではあまり考えられないものであろう。類似した機会がないわけではないが、多くは「仕事」という枠組みを取り外して、プライベートという感覚で捉えられていることが日本とは大きく異なる。

第四因子の「文化習慣の相違」は、他国の習慣や文化に理解を示さない日本人への批判とも考えられる。ライフスタイルまで日本人に合わせる必要はないという思いを反映しているように思われる。勤務時間外に人間関係を深め、さまざまな情報を交換するような体質を残す企業の中で働く外国人ビジネス関係者がこの点を問題視したと思われる。

上記の4つの因子に含まれなかった質問項目には会社の制度に関することなどがある。これらは、第一因子の「不当な待遇」の範疇に入ると考えられていたが、こういった不満は含まれていなかった。これは、あらかじめ入社する前に外国人ビジネス関係者に知らされることなので、不当なものとして

見なされなかったと考えられる。「不当な待遇」には、外国人ビジネス関係者が、入社後さまざまなことを経験する中で、それまでの期待や予測が裏切られたと感じる要因が入っていると考えられる。

また、この4因子には言語能力に関する問題は含まれていない。これはインタビューの時点で言語能力に関する問題がほとんど出なかったからである。前述のように、質問紙調査の質問は18人の外国人ビジネス関係者へのインタビューから得られた回答を基に作成された。インタビューを行う前の時点で、日本語教育でよく取り上げられている待遇表現（Marriott & Yamada 1991、山田 1992、田丸 1994、他）の使用や曖昧性（笹川 1996）などの問題が外国人ビジネス関係者から挙げられるのではないかという筆者の予想とは異なる結果であった。待遇表現などが問題にならなかったかという理由として、インタビュー対象者が通常仕事を日本語で行っており、対象者の日本語能力が高かったということ、また対象者が待遇表現などの言語能力の不足を補う回避ストラテジー（ネウストプニー 1993、他）を知っていたこと、コンテキストを手がかりにして曖昧性を排除したり、意味を明確にするための質問などのストラテジー（笹川 1996）を使用していたこと、あるいは逆に外国人ビジネス関係者の自己モニター力が不足していて、問題に対する自覚が無かったことなどが考えられる。

2.4　研究課題2の結果と考察

では、次に上記の問題点が、外国人ビジネス関係者の出身地や年齢、その他の属性によって、異なっているのか、それともそうした属性の違いには無関係であり、外国人ビジネス関係者としてひとくくりにできるものであるかどうかについて考えてみる。

2.4.1　属性の特徴

本研究では、①会社、②出身国、③滞在期間、④日本語能力、⑤性別、⑥年齢の6つの属性に注目してみることにした。①の「会社」については、日本企業か外資系企業かの二分法にした。会社が日本企業か外資系企業かに

よって、外国人ビジネス関係者のもつ問題が異なっていると思われるからである。外資系企業に勤めている人のほうが、国籍を問わず、さまざまな人に普段から接しているため、外国人ビジネス関係者は仕事の中であまり「日本人」を意識しないと同時に、自分が「外国人」であることもまた意識しないと予測される。②の出身圏に関しては、欧米豪系かアジア系かで二分した。本研究では、欧米豪とは、イギリス、ドイツ、アメリカ合衆国、オーストラリアを指す。アジアとは、中国、韓国の2カ国を指す。このように分類したのは、外国人ビジネス関係者が欧米豪系[6]かアジア系で、周囲の日本人ビジネス関係者の態度が異なってくることが予想され、そのことが逆に外国人ビジネス関係者としての問題の感じ方に反映すると考えられるからである。例えば、欧米人には弱腰でありながら、アジア系の人には強腰に出るという傾向があると言われているが、それは、ビジネス社会では外国人ビジネス関係者によってどう把握されているのだろうか。③の滞在期間については、被調査者の割合を考慮して、5年未満と5年以上に区切った。滞在期間については、最初戸惑いがあっても滞在期間が長くなると共に、日本社会に慣れていくことが予想されるからである。また、3年未満、3年から10年未満、10年以上という分け方もした。④の日本語能力については、日本語能力試験の1級と日本語学校でのレベルを目安に、上級と中上級に二分した。これは、基本的に日本語で仕事をしているとはいえ、日本語が不十分なことが問題となり、日本語が上達するにつれて問題は減るという見方で、日本語のレベルにより、問題点の把握に差があるのではないかと考えられるためである。⑤については性別による二分である。日本での女性の社会進出は近年強まってきたとはいえ、性差によってその会社での地位は依然として低いので、問題の感じ方が異なると予測されるからである。最後に、⑥の年齢についてであるが、年功序列の問題も踏まえ35歳で区切った。日本企業の多くは35歳あたりから管理職につきはじめるという傾向が見られる。会社での立場も変わり、そのため直面する問題が異なると思ったからである。

2.4.2 属性の因子に及ぼす影響（研究課題2の結果）

4つの因子ごとに上で見た属性の影響を見るために、それぞれの得点の平均値と標準偏差を出し、さらにその差を検定するために、t検定を行った。得点の平均値と標準偏差は表 2.4 に、検定の結果を表 2.5 に示す。なお、検定は 5% 水準で両側検定である。

表 2.4　得点の平均値（Mean）と標準偏差（SD）

		f1 不当な待遇		f2 仕事の非効率		f3 仕事にまつわる慣行		f4 文化習慣の相違	
		Mean	SD	Mean	SD	Mean	SD	Mean	SD
会社	日本	2.77	0.74	3.05	0.76	2.51	0.76	3.17	0.89
	外資	2.38	0.85	3.05	0.82	2.40	0.80	2.75	0.93
出身圏	欧豪米	2.60	0.85	3.26	0.84	2.41	0.83	2.87	0.95
	アジア	2.72	0.72	2.83	0.64	2.55	0.71	3.23	0.86
滞在期間	5年未満	2.62	0.75	3.02	0.81	2.47	0.83	2.84	0.88
	5年以上	2.71	0.83	3.08	0.75	2.49	0.72	3.26	0.92
日本語能力	上級	2.58	0.79	3.03	0.82	2.53	0.83	2.99	0.98
	中級	2.76	0.78	3.08	0.72	2.43	0.70	3.12	0.85
性別	男性	2.60	0.81	3.03	0.77	2.49	0.78	3.04	0.89
	女性	2.83	0.71	2.91	0.68	2.45	0.75	3.09	1.02
年齢	35歳未満	2.73	0.77	3.10	0.77	2.43	0.72	3.14	0.85
	35歳以上	2.47	0.81	2.93	0.80	2.61	0.91	2.81	1.07

表 2.5　属性内の有意差

	会社	出身圏	滞在期間	日本語能力	性別	年齢
f1 不当な待遇	0.024*	0.452	0.570	0.243	0.219	0.151
f2 仕事の非効率	0.971	0.005**	0.681	0.747	0.302	0.328
f3 仕事にまつわる慣行	0.501	0.362	0.864	0.517	0.817	0.327
f4 文化習慣の相違	0.041*	0.048*	0.021*	0.487	0.803	0.120

*p<.05　**p<.01

以上のことを踏まえて、まず会社という観点から見ると、日本企業と外資系企業を比較した場合、表 2.4 にあるように、平均値に差がでたことがわかる。この差を t 検定で見た結果、不当な待遇と、文化習慣の相違に有意差があることがわかった。このことから、平均値の高い（問題を感じている度

合いが大きい）日本企業に属する者が、外資系企業に属する者より、待遇について不満を持っていることが明らかになった（日本企業：$t(98) = 2.30$, $p < .05$、外資系企業：$t(98) = 2.07$, $p < .05$）。つまり、日本企業に勤めている人は外資系の人より、待遇に不満を抱き、文化習慣の相違に戸惑っているということである。次に、出身圏によって比較すると、仕事の非効率と文化習慣の相違についての平均値に有意差が見られた（仕事の非効率：$t(98) = 2.89$, $p < .01$、文化習慣の相違：$t(98) = 2.00$, $p < .05$）。仕事の非効率に関しては、欧米豪系の人のほうがアジア系の人より、日本人の仕事の効率の悪さに不満を持っていることが明らかになった。また文化習慣の相違についてはアジア系の人のほうが平均値[7]が高いため、欧米豪系の人より文化習慣の相違に問題を感じていることが判明した。最後に、滞在期間については、5年以上と5年未満では有意差が見られた（$t(98) = 2.35$, $p < .05$）。5年以上の人のほうが平均値が高いため、5年以上の人のほうが5年未満の人より、文化習慣の相違に問題を感じていることがわかった。なお、3年未満、3年以上10年未満、10年以上では有意差が見られなかった。以下に結果をまとめる。

1) 日本企業に勤めている外国人ビジネス関係者は、外資系外国人ビジネス関係者より、「待遇に不満」を抱き、同時に「文化習慣の相違」に戸惑いを感じ、問題と思っている。
2) 欧米豪系のビジネス関係者のほうがアジア系ビジネス関係者より、日本人ビジネス関係者の「仕事の効率の悪さ」に不満を持っている。
3) アジア系ビジネス関係者のほうが欧米豪系のビジネス関係者より「文化習慣の相違」に問題を感じている。
4) 滞在期間が5年以上の外国人ビジネス関係者のほうが、5年未満の人より「文化習慣の相違」に問題を感じている。なお、3年未満、3年以上10年未満、10年以上では統計上の有意差は見られなかった。

これらの結果を基に、次節で考察を述べる。

2.4.3 考察

上記の結果は、次のように解釈ができると思われる。結果1)に関しては、会社が日本企業か外資系企業かによって、外国人ビジネス関係者のもつ問題が異なっているという予測と一致するものであった。外資系企業は母国(出身国)の文化や規範を比較的変えずに業務を営んでいるため、そこにいる外国人ビジネス関係者は「日本」を意識することが、日本企業の外国人ビジネス関係者より少ないと言えよう。つまり、外資系企業で働く外国人ビジネス関係者が待遇や文化習慣の相違に戸惑うといったことが、日本企業で働く外国人ビジネス関係者より少ないというのは、「外資」という会社の体制、方針、規範に関連しているからだと考えられる。一方、日本企業の外国人ビジネス関係者にとっては会社そのものが異文化であり、日本人ビジネス関係者とは必ずしも同等でない処遇や文化習慣の相違についての問題が深刻である。要するに、日本企業と外資系企業では、外国人ビジネス関係者に対する会社側の意識や規範も、そこで働く日本人の意識や規範も異なっていることがうかがえる。なお、有意差のなかった「仕事の非効率」と「仕事にまつわる慣行」の2因子については、日本企業、外資系企業ということに関係なく、日本で働く外国人ビジネス関係者全体の問題と言えよう。

結果2)と3)からは、出身圏の違いによって、直面している問題が異なっていると言える。比較すると、欧米豪系のビジネス関係者のほうが、仕事の効率の悪さに不満を持ち、文化習慣については、アジア系のビジネス関係者のほうが問題を感じていることがわかった。欧米豪系の不満は仕事に関連しているのに対し、アジア系ビジネス関係者は文化習慣の相違に問題を感じていることは、アジア系ビジネス関係者が日本人ビジネス関係者側からの同化への期待を感じ、結果としてアジア系ビジネス関係者は自分自身の文化的規範を保守しにくいことを表していると思われる。一見、アジア系の文化のほうが日本文化に類似していて、文化習慣上の問題は少ないように思われるが、アジア系外国人ビジネス関係者はそのようには感じていないということであろう。欧米豪系ビジネス関係者に比べ、外見で日本人に似ているため、日本語を巧みに操るアジア系のビジネス関係者に、日本の文化的規範を求めてしまう傾向が、日本人側にあるのではないだろうか。外国人が欧米豪系か

アジア系かで、周りの日本人の態度が異なってくることが想定され、そのことが逆に外国人としての問題の感じ方の違いに反映されたと言えよう。日本人が外国人に望むものが、出身圏によって異なることが示唆されたことは興味深い。

　結果4)については、滞在期間が5年を超えた外国人ビジネス関係者のほうが、国籍、性別などにかかわらず、日本と自国の文化習慣の相違に対して、意識的に疑問をもつようになったことが言える。滞在期間が長くなるにつれて、日本社会に慣れ、文化習慣の違いによる問題は解決に向かうという考え方が根強くあるが、実際には日本の文化習慣への同化に抵抗を感じている度合いは逆に強まることが示唆された。

　なお、日本語能力については有意差が見られなかった。つまり、外国人ビジネス関係者の日本語のレベルが上がっても、問題は完全には解決されるわけではないということなのであろう。性別と年齢の違いによる問題の相違も見られなかった。

　外国人ビジネス関係者の感じている諸問題を把握する際、外部、あるいは研究者の視点から見たエティックな解釈があるが、本研究では、外国人ビジネス関係者自身の、内部の視点から見たイーミックな解釈を提出することを目指した。その結果、滞在期間が長くなっても外国人ビジネス関係者の問題は解決されるわけではないことや、出身圏によって問題の感じ方に相違があること等、これまでの外国人に対する通念とは異なる部分が浮き彫りにされた。外国人ビジネス関係者自身が問題を作り出しているのではなく、社会的要因によって作られた問題があるということに注目すべきであろう。ビジネス・コミュニケーションを円滑にしていくためには、外国人ビジネス関係者のみならず、日本人ビジネス関係者の対応や受け入れ方を考慮しなければならないと思われる。本章で明らかになった外国人のもつ問題点に対して、日本人側の対応がどのように変わっていく必要があるかを探ることを後の章の課題としたい。

　なお、本研究を踏まえ、タイの日本人駐在員と受け入れ側のタイ人社員が仕事上どのようなコミュニケーションをしているのか、そしてどのような問題が起こっているのかを明らかにした研究がチンプラサートスック（2005）

である。タイにある日系企業の日本人駐在員178名とタイ人駐在員185名を対象に質問紙調査を行い、因子分析をした結果、「通訳能力」、「上下・部外者関係」、「ビジネス風土」、「意思疎通」、「人間関係」、「時間運用」、「言語使用」の7つの要因を導き出している。日本人とタイ人の間で感じ方に有意差が見られたものは、「上下・部外者関係」「ビジネス風土」「人間関係」「使用言語」であった。そこでは、人間関係を重視するタイ人と、本社からの圧力もあり仕事の能率に重きを置き、日本の会社でのやり方をそのまま現地に持ち込んでいる日本人の姿等も浮き彫りにされている。筆者の行った調査は日本で行われたものであり、またタイ人も含まれていない。簡単に比較をすることはできないが、日系企業の人が日本的なやり方を求めている点は筆者の調査と同じ傾向であったと言える。

2.5 まとめ

本章は、外国人ビジネス関係者のビジネス上の問題点を解明することを目的として、次の2つの研究課題を設定した。

　　研究課題1：外国人ビジネス関係者が感じているビジネス上の問題点を
　　　　　　　構成している要因(因子)は何か。
　　研究課題2：外国人ビジネス関係者のビジネス上の問題点の把握に、属
　　　　　　　性(出身圏や年齢、滞在期間など)は影響を与えているか。

研究課題1については、外国人ビジネス関係者の感じている問題点は、「不当な待遇」、「仕事の非効率」、「仕事にまつわる慣行の相違」、「文化習慣の相違」の4因子に集約された。

そして、研究課題2の問題把握に対する属性の影響は以下のとおりであった。

（1）　外資系企業に比べて、日本企業に勤めている外国人ビジネス関係者は、待遇に不満をもつと同時に、異文化の問題を抱えている。

これは日本企業と外資系企業では外国人に対する会社の意識や規範も、そこで働く日本人の意識や規範も異なっているからだと思われる。
（２）　欧米系のビジネス関係者は文化習慣について問題意識が少ない。これは比較的自分自身の文化的規範を保守できるためと考えられる。欧米系ビジネス関係者の不満は仕事に密接していると言える。
（３）　アジア系ビジネス関係者は文化習慣の相違に問題を感じている。これはアジア系のビジネス関係者に同化してほしいとする日本人側の期待が強く、結果としてアジア系ビジネス関係者は自分自身の文化的規範が保守しにくいためと考えられる。一見、アジア系の文化のほうが日本文化に類似していて問題が少ないように思われるが、欧米系ビジネス関係者に比べ、日本語を巧みに操るアジア系ビジネス関係者に、日本の文化的規範を求めてしまう傾向が、日本人にあるようにも思われる。
（４）　滞在期間が５年を境に、国籍、性別などにかかわらず、日本と自国の文化習慣の相違に対して、意識的に疑問をもつようになる。滞在期間が長くなるにつれて、日本社会に慣れていくことが期待される傾向があると考えられる。
（５）　日本語能力、性別、年齢の相違が問題の感じ方に与える影響はなかった。

　以上、本章では外国人ビジネス関係者のビジネス上の問題について、外国人ビジネス関係者の視点から量的研究を行った。上述したようなイーミックな解釈は、外国人ビジネス関係者の問題把握に新しい知見を加え、基礎資料となると思われる。
　次章では「仕事の非効率」に問題を感じているという結果に焦点を当て、実際に日本人ビジネス関係者同士（母語場面）の会議を分析し、非効率とされていることの実態を探ることにする。

注

1 翻訳の際、一度日本語から外国語に翻訳してもらったものを異なる人に再度日本語に翻訳してもらい翻訳のミスを無くした。
2 主に金融、製造、サービス、商業に従事するものを対象としている。
3 日本語能力については、日本語学校でのレベルと日本語能力試験1級取得かどうかを考慮し、上級(46%)と中上級(54%)に分けている。
4 共通性とは、因子が各項目にどの程度支配されているかを表す。寄与率とは、全項目のデータ変動において、その因子が説明する割合を示す。各因子と各項目の関係の強さ(因子負荷量)はⅠからⅣを参照(例 Ⅰは第一因子と項目の関係の強さを表す)。
5 「仕事にまつわる慣行の相違」をそれ自体が文化であるという考え方もあるが、本研究では、文化の中でも仕事にまつわるものを区別して命名している。
6 オーストラリア人の被調査者はヨーロッパ系オーストラリア人であり非漢字圏出身であったので、欧米系と同じグループに入れた。
7 平均値の高いほうが問題点に対し強く感じていることを示している。

資料：質問票

以下の質問にお答えください。

性別　　男　女
年齢　　20代前半　　20代後半　　30代前半　　30代後半　　40代前半　　40代後半
　　　　50代前半　　50代後半　　60代前半　　60代後半
国籍　　（　　　　　　）
これまでの滞在期間（　　　　　年）

仕事について教えてください。
・会社は日本の会社ですか。　　　はい　　いいえ
・会社の内容または会社の名前を教えてください。　　（　　　　　　　　　　）
・仕事の内容を教えてください。　　　　　　　　　　（　　　　　　　　　　）
・地位を教えてください。　　　　　　　　　　　　　（　　　　　　　　　　）
・現在の会社に何年勤めていますか。　　　　　　　　（　　　年　ヶ月）
・会社全体の外国人の数を教えてください。　　　　　（　　　　　人）
・仕事でよく接する日本人の数はこの一週間で何人位でしたか。（　　　　人）
・日本語をこの一週間で何時間位話しましたか。　　　（　　　　　時間）
・どんな時に日本語を話しますか。（○をしてください）
　　　　　あいさつ、電話、会議や打ち合わせ、交渉や商談、接待
　　　　　その他（　　　　　　　　　　　　　　　　　　）
・毎日の仕事のうち、日本語を使う割合はどのぐらいですか。（　　　　％）

日本語学習の経験について教えてください。
・期間：（　　　年　　ヶ月）
・現在のレベル：a 中級前半　　b 中級後半　　c 上級
・資格：日本語能力検定試験　　　a 4級　b 3級　c 2級　d 1級
　　　　ビジネス日本語検定試験　　（　　　　）

*もしよろしければ、お名前と連絡先をお書きください。場合によってはご意見をお伺いしたいと思います。
　お名前（　　　　　　　　　　）
　連絡先（　　　　　　　　　　　　　　　　　　　　　）

　　　　　　　　　　　　　　　　　　大変ありがとうございました。

Please answer the following questions.

SEX   MALE   FEMALE
AGE   20～24、25～29、30～34、35～39、40～44、45～49、50～54、55～59、60～
NATIONALITY (   )
STAYING PERIOD (so far) (years)

Please tell me about your company.
・Is your company Japanese? Yes, No (   )
                          Is it a foreign subsidiary? Yes, No (   )
・What kind of company is it? (If possible, write the name of your company please.)
                                                    (   )
・What kind of work are you in charge of? (   )
・How many years have you worked in the present company? (years)
・How many non-Japanese people are there in your company? (people)
・How many Japanese people do you contact in your business a week?
                                              (about   people)
・How many hours do you speak Japanese a week? (about   hours)
・When do you speak Japanese?
        greeting, telephone, meeting or conference, negotiation,
        entertainment, others (   )
・What of percentage of the total usage of Japanese language is taken up a day?
                                                    (%)

Please tell me about the experience of your Japanese learning?
・How many years have you been studying Japanese? (years)
・What is your current level?
        a. first half of intermediate   b. last half of intermediate   c. advanced
・Do you have any qualifications? :
        日本語能力検定試験   a. 4級   b. 3級   c. 2級   d. 1級
        ビジネス日本語検定試験   (   )

* If it is possible, please write your name and address. I might ask you some further questions.
        name:
        address & telephone number:

(英語)　　　　　　　　QUESTIONAIRRE
アンケート：外国人の仕事上の問題点

普段日本語を使って仕事をする時に、どのような問題がありますか。
　次の質問を読み、1から5まで（1強く反対する、2反対する、3どちらとも思わない、4賛成する、5強く賛成する）のひとつに○をしてください。
　あなた個人の意見と体験によって○をしてください。一般的な意見を聞いているのではありません。
　よろしくお願い致します。

（強く賛成――――強く反対）
例）わたしは、わたしの専門知識を使えない会社に問題を感じる。　　5 ④ 3 2 1 わからない

What kinds of problems do you have, using Japanese in the working place?
　Please read the following questionnaire and circle the most appropriate number as the example below. The content of the questionnaire is the same as the Japanese one.
　I will appreciate your understanding and cooperation.
EX) I feel there is a problem at the office in that my professional knowledge can not be used effectively.

completely agree	agree	neither one	disagree	completely disagree	
5	④	3	2	1	I don't know.

1. わたしは、会社の縦社会に問題を感じる。　　　　　　　5 4 3 2 1 わからない
　I feel there is a problem with hierarchy in my office.

2. わたしは、会社の複雑な人間関係に問題を感じる。　　　5 4 3 2 1 わからない
　I feel there is a problem with complicated human relationships in my office.

3. わたしは、周りの日本人がごまをすることに問題を感じる。　5 4 3 2 1 わからない
　I feel there is a problem with the Japanese people in my working domain flattering (customers, their boss etc.).

4. わたしは、自分がごまをすらなければならない雰囲気に問題を感じる。
　　　　　　　　　　　　　　　　　　　　　　　　　　　5 4 3 2 1 わからない
　I feel there is a problem with an atmosphere where I have to flatter (butter up) the other people.

5. わたしは、わたし自身が思っていることをはっきり言えない会社の雰囲気に問題を感じる。

　　　　　　　　　　　　　　　　　　　　　　　　　　5　4　3　2　1　わからない

I feel there is a problem with the atmosphere where I can not express my opinions clearly when I want to.

6. わたしは、会社で言いたいことをはっきり言わない私自身に問題を感じる。

　　　　　　　　　　　　　　　　　　　　　　　　　　5　4　3　2　1　わからない

I feel there is a problem with myself in that I do not express my opinions clearly.

7. わたしは、会社で言いたいことをわたしにはっきり言わない周りの日本人に問題を感じる。

　　　　　　　　　　　　　　　　　　　　　　　　　　5　4　3　2　1　わからない

I feel there is a problem with people in my office who do not express their opinions clearly.

8. わたしは、同僚が上司がいる時といない時とでは、ことば使いや行動、態度が変わることに問題を感じる。　　　　　　　　　　　　　　　　5　4　3　2　1　わからない

I feel there is a problem with my colleagues who have a different way of speaking and behavior and attitude when the boss is away.

9. わたしは、外国人という理由で私に多くのことを期待していない会社に問題を感じる。

　　　　　　　　　　　　　　　　　　　　　　　　　　5　4　3　2　1　わからない

I feel there is a problem with my office which do not expect much of me because I am a foreigner.

10. わたしは、外国人という理由で会社で優遇されていることに問題を感じる。

　　　　　　　　　　　　　　　　　　　　　　　　　　5　4　3　2　1　わからない

I feel there is a problem with my office which treats me preferentially because I am a foreigner.

11. わたしは、外国人という理由で会社で差別されていることに問題を感じる。

　　　　　　　　　　　　　　　　　　　　　　　　　　5　4　3　2　1　わからない

I feel there is a problem with my office which discriminates against me because I am a foreigner.

12. わたしは、会社からわたしに与えられた権限と責任が軽いことに問題を感じる。

　　　　　　　　　　　　　　　　　　　　　　　　　　5　4　3　2　1　わからない

I am not satisfied with the limited right and responsibility given to me by my company.

13. わたしは、わたしに与えられる仕事に外国人という理由で日本人の同僚と差があることに問題を感じる。　　　　　　　　　　　　　　　　5　4　3　2　1　わからない

I feel there is a problem with the difference of work allocated between Japanese colleagues and me.

第 2 章　外国人ビジネス関係者のビジネス上の問題点に関する研究　71

14. わたしは、会社の終身雇用に問題を感じる。　　　　　5 4 3 2 1 わからない
I feel there is a problem with the life-time employment system prevailing in Japan.

15. わたしは、会社の年功序列（非実力主義）に問題を感じる。　　5 4 3 2 1 わからない
I feel there is a problem with the seniority system (non-merit) system.

16. わたしは、会社がわたしを有効に活用しないことに問題を感じる。
　　　　　　　　　　　　　　　　　　　　　　　　　　5 4 3 2 1 わからない
I feel there is a problem with the company which does not utilize me fully.

17. わたしは、外国人という理由で、昇進に不利だということに問題を感じる。
　　　　　　　　　　　　　　　　　　　　　　　　　　5 4 3 2 1 わからない
I feel there is a problem with disadvantage of promotion because I am a foreigner

18. わたしは、外国人という理由で、給与体系に差があるということに問題を感じる。
　　　　　　　　　　　　　　　　　　　　　　　　　　5 4 3 2 1 わからない
I feel there is a problem with the different salary-scale because I am a foreigner.

19. わたしは、わたしの仕事を一人で進めることができないことに問題を感じる。
　　　　　　　　　　　　　　　　　　　　　　　　　　5 4 3 2 1 わからない
I feel there is a problem with the situation under which I can not proceed my work by myself.

20. わたしは、会社の中や取引先と、ひとつのことが決まるまで、時間がかかりすぎることに問題
を感じる。　　　　　　　　　　　　　　　　　　　　5 4 3 2 1 わからない
I feel there is a problem with consuming too much time to arrive at a decision within the office or with my clients.

21. わたしは、日本人の上司が仕事の結果以外に、プロセスまで重視するのに問題を感じる。
　　　　　　　　　　　　　　　　　　　　　　　　　　5 4 3 2 1 わからない
I feel there is a problem with what my Japanese boss places emphasis on not only my result but also the process.

22. わたしは、周りの日本人の仕事の効率の悪さに問題を感じる。　5 4 3 2 1 わからない
I feel there is a problem with the inefficiency of Japanese coworkers or clients.

23. わたしは、会議の数の多さに問題を感じる。　　　　　5 4 3 2 1 わからない
I feel there is a problem with too many meetings.

24. わたしは、必要以上に時間のかかる会議に問題を感じる。　　5 4 3 2 1 わからない
    I feel there is a problem with meetings which takes more time than necessary.

25. わたしは、結論のでない会議、または会議のやり方に問題を感じる。5 4 3 2 1 わからない
    I feel there is a problem with meetings or the way of meetings that do not come to any concrete conclusion.

26. わたしは、ひとつのことを決定する前の、根回しに問題を感じる。　5 4 3 2 1 わからない
    I feel there is a problem with behind-the-scenes negotiations before decision-making.

27. わたしは、周りの日本人のマニュアルに沿った行動や仕事の進め方に問題を感じる。
    　　　　　　　　　　　　　　　　　　　　　　　　　　　　5 4 3 2 1 わからない
    I feel there is a problem with the behavior and way of work of Japanese co-workers, exclusively in compliance with manuals.

28. わたしは、その日の自分の仕事が終わっても会社に残る日本人に問題を感じる。
    　　　　　　　　　　　　　　　　　　　　　　　　　　　　5 4 3 2 1 わからない
    I feel there is a problem with the Japanese who still remain in the office even if they have finished their own work.

29. わたしは、その日のわたしの仕事が終わっても、先に帰りにくい会社の雰囲気に問題を感じる。
    　　　　　　　　　　　　　　　　　　　　　　　　　　　　5 4 3 2 1 わからない
    I feel there is a problem with such an atmosphere in that I can not come home earlier.

30. わたしは、仕事の後で会社の人と飲みにいくことに抵抗を感じる。　5 4 3 2 1 わからない
    I am reluctant to go out for drinks with coworkers after work.

31. わたしは、仕事の後でお客さんを接待することに抵抗を感じる。　5 4 3 2 1 わからない
    I am reluctant to entertain client or guests after work.

32. わたしは、仕事の後でわたしが接待されのに抵抗を感じる。　　5 4 3 2 1 わからない
    I am reluctant to be entertained after work.

33. わたしは、わたしが休日に出勤することに問題を感じる。　　　5 4 3 2 1 わからない
    I detest going to work on weekends.

34. わたしは、わたしが仕事で家族を犠牲にすることに問題を感じる。5 4 3 2 1 わからない
    I feel there is a problem with sacrificing my family to my work.

35. わたしは、周りの日本人が会社に遅く来ることに問題を感じる。　5 4 3 2 1 わからない
I feel there is a problem with the Japanese in my office who come to work late.

36. わたしは、周りの日本人が会社に遅くまでいることに問題を感じる。5 4 3 2 1 わからない
I feel there is a problem with the Japanese in my office who stay at office until late.

37. わたしは、周りの日本人がわたしの国の習慣や文化を理解しようとしないことに問題を感じる。
　　　　　　　　　　　　　　　　　　　　　　　　　　　　5 4 3 2 1 わからない
I feel there is a problem with the Japanese who do not try to understand our custom and culture.

38. わたしは、周りの日本人がわたしを日本人のようにふるまうことを期待していることに問題を
感じる。　　　　　　　　　　　　　　　　　　　　　　　5 4 3 2 1 わからない
I feel there is a problem with the Japanese who expect me to behave like a Japanese.

39. わたしは、わたしが日本のようなやり方で名刺交換をすることに抵抗を感じる。
　　　　　　　　　　　　　　　　　　　　　　　　　　　　5 4 3 2 1 わからない
I am reluctant to exchange businesscards in the Japanese way.

40. わたしは、わたしが深くお辞儀をするのに抵抗を感じる。　5 4 3 2 1 わからない
I am reluctant to bow as deeply as the Japanese do.

41. わたしは、わたしがお客様を「神様」のように扱うことに問題を感じる。
　　　　　　　　　　　　　　　　　　　　　　　　　　　　5 4 3 2 1 わからない
I feel there is a problem with treating guests like God.

42. わたしは、会社が新しい考えや物（コンピュータなど）を採用することが遅いことに問題を感じ
る。　　　　　　　　　　　　　　　　　　　　　　　　　5 4 3 2 1 わからない
I feel there is a problem with the off-timing of adopting new ideas and things (like computers).

43. わたしは、日本人の部下がわたしの仕事のやり方を理解していないことに問題を感じる。
　　　　　　　　　　　　　　　　　　　　　　　　　　　　5 4 3 2 1 わからない
I feel there is a problem with my Japanese followers who do not understand my way of working.

　　　　　　　　　以上です。御協力ありがとうございました。
　　　　　　　　　　　　　Thank you very much.

(中国語)　　　　　　　QUESTIONAIRRE
アンケート：外国人の仕事上の問題点

　普段日本語を使って仕事をする時に、どのような問題がありますか。
　次の質問を読み、1から5まで（1強く反対する、2反対する、3どちらとも思わない、4賛成する、5強く賛成する）のひとつに○をしてください。
　<u>あなた個人の意見と体験によって</u>○をしてください。一般的な意見を聞いているのではありません。
　よろしくお願い致します。

（強く賛成―――強く反対）

例）わたしは、わたしの専門知識を使えない会社に問題を感じる。　　5 ④ 3 2 1 わからない

What kinds of problems do you have, using Japanese in the working place?
　Please read the following questionnaire and circle the most appropriate number as the example below. The content of the questionnaire is the same as the Japanese one.
　I will appreciate your understanding and cooperation.
EX）I feel there is a problem at the office in that my professional knowledge can not be used effectively.

completely agree	agree	neither one	disagree	completely disagree
5	④	3	2	1　I don't know.

1. わたしは、会社の縦社会に問題を感じる。　　　　　　　　5 4 3 2 1 わからない
　I feel there is a problem with hierarchy in my office.
　我觉得公司是一个纵向社会。
2. わたしは、会社の複雑な人間関係に問題を感じる。　　　　5 4 3 2 1 わからない
　I feel there is a problem with complicated human relationships in my office.
　我觉得公司的人际关系和复杂。
3. わたしは、周りの日本人がごまをすることに問題を感じる。　5 4 3 2 1 わからない
　I feel there is a problem with the Japanese people in my working domain flattering (customers, their boss etc.).
　我觉得周围的日本人在拍马溜须。
4. わたしは、自分がごまをすらなければならない雰囲気に問題を感じる。
　　　　　　　　　　　　　　　　　　　　　　　　　　　　5 4 3 2 1 わからない
　I feel there is a problem with an atmosphere where I have to flatter (butter up) the other people.
　我觉得自己不得不去奉承阿谀。

5. わたしは、わたし自身が思っていることをはっきり言えない会社の雰囲気に問題を感じる。

　　　　　　　　　　　　　　　　　　　　　　　　　　　　5 4 3 2 1 わからない

　I feel there is a problem with the atmosphere where I can not express my opinions clearly when I want to.

　我觉得公司的气氛使我无法畅所欲言。

6. わたしは、会社で言いたいことをはっきり言わない私自身に問題を感じる。

　　　　　　　　　　　　　　　　　　　　　　　　　　　　5 4 3 2 1 わからない

　I feel there is a problem with myself in that I do not express my opinions clearly.

　我自己在公司里不说自己想说的话。

7. わたしは、会社で言いたいことをわたしにはっきり言わない周りの日本人に問題を感じる。

　　　　　　　　　　　　　　　　　　　　　　　　　　　　5 4 3 2 1 わからない

　I feel there is a problem with people in my office who do not express their opinions clearly.

　在公司里，我觉得周围的日本人不对我直抒己见。

8. わたしは、同僚が上司がいる時といない時とでは、ことば使いや行動、態度が変わることに問題を感じる。　　　　　　　　　　　　　　　　　　　　　　　5 4 3 2 1 わからない

　I feel there is a problem with my colleagues who have a different way of speaking and behavior and attitude when the boss is away.

　我觉得上司在与不在时，同事的言行举止等都不同。

9. わたしは、外国人という理由で私に多くのことを期待していない会社に問題を感じる。

　　　　　　　　　　　　　　　　　　　　　　　　　　　　5 4 3 2 1 わからない

　I feel there is a problem with my office which do not expect much of me because I am a foreigner.

　我觉得因为我是外国人，公司不对我寄予厚望。

10. わたしは、外国人という理由で会社で優遇されていることに問題を感じる。

　　　　　　　　　　　　　　　　　　　　　　　　　　　　5 4 3 2 1 わからない

　I feel there is a problem with my office which treats me preferentially because I am a foreigner.

　我觉得因为我是外国人，在公司受到厚待。

11. わたしは、外国人という理由で会社で差別されていることに問題を感じる。

　　　　　　　　　　　　　　　　　　　　　　　　　　　　5 4 3 2 1 わからない

　I feel there is a problem with my office which discriminates against me because I am a foreigner.

　我觉得因为我是外国人，在公司受到歧视。

12. わたしは、会社からわたしに与えられた権限と責任が軽いことに問題を感じる。

　　　　　　　　　　　　　　　　　　　　　　　　　　　　5 4 3 2 1 わからない

　I am not satisfied with the limited right and responsibility given to me by my company.

　我觉得公司给我的权利和责任不够。

13. わたしは、わたしに与えられる仕事に外国人という理由で日本人の同僚と差があることに問題を感じる。　　　　　　　　　　　　　　　　　　　　　5 4 3 2 1 わからない

　I feel there is a problem with the difference of work allocated between Japanese colleagues and me.

　我觉得由于我是外国人，从事的工作和日本同事不一样。

14. わたしは、会社の終身雇用に問題を感じる。　　　　　5 4 3 2 1 わからない

I feel there is a problem with the life-time employment system prevailing in Japan.

我觉得公司的终身雇用制度有问题。

15. わたしは、会社の年功序列(非実力主義)に問題を感じる。　5 4 3 2 1 わからない

I feel there is a problem with the seniority system (non-merit) system.

我觉得公司论资排级(资格によって等级、阶级を分けること)是个问题。

16. わたしは、会社がわたしを有効に活用しないことに問題を感じる。

　　　　　　　　　　　　　　　　　　　　　　　　5 4 3 2 1 わからない

I feel there is a problem with the company which does not utilize me fully.

我认为公司不能充分地发挥我的专长。

17. わたしは、外国人という理由で、昇進に不利だということに問題を感じる。

　　　　　　　　　　　　　　　　　　　　　　　　5 4 3 2 1 わからない

I feel there is a problem with disadvantage of promotion because I am a foreigner

我感到由于是外国人，因而不利于进升。

18. わたしは、外国人という理由で、給与体系に差があるということに問題を感じる。

　　　　　　　　　　　　　　　　　　　　　　　　5 4 3 2 1 わからない

I feel there is a problem with the different salary-scale because I am a foreigner.

我感到由于是外国人，工资体系与日本人有差别。

19. わたしは、わたしの仕事を一人で進めることができないことに問題を感じる。

　　　　　　　　　　　　　　　　　　　　　　　　5 4 3 2 1 わからない

I feel there is a problem with the situation under which I can not proceed my work by myself.

我觉得无法独立地开展自己的工作。

20. わたしは、会社の中や取引先と、ひとつのことが決まるまで、時間がかかりすぎることに問題を感じる。　　　　　　　　　　　　　　　　5 4 3 2 1 わからない

I feel there is a problem with consuming too much time to arrive at a decision within the office or with my clients.

我觉得公司内部或与客户之间决定一件事情所花的时间太多。

21. わたしは、日本人の上司が仕事の結果以外に、プロセスまで重視するのに問題を感じる。

　　　　　　　　　　　　　　　　　　　　　　　　5 4 3 2 1 わからない

I feel there is a problem with what my Japanese boss places emphasis on not only my result but also the process.

我觉得日本人上司除了工作结果以外，还重视工作程序是个问题。

22. わたしは、周りの日本人の仕事の効率の悪さに問題を感じる。　5 4 3 2 1 わからない

I feel there is a problem with the inefficiency of Japanese coworkers or clients.

我觉得周围的日本人工作效率很低。

23. わたしは、会議の数の多さに問題を感じる。　　　　5 4 3 2 1 わからない

I feel there is a problem with too many meetings.

我认为会议太多。

24. わたしは、必要以上に時間のかかる会議に問題を感じる。　　5 4 3 2 1 わからない
 I feel there is a problem with meetings which takes more time than necessary.
 我认为会议时间太长。
25. わたしは、結論のでない会議、または会議のやり方に問題を感じる。5 4 3 2 1 わからない
 I feel there is a problem with meetings or the way of meetings that do not come to any concrete conclusion.
 我认为会议毫无定论，或者是开会的方式有问题。
26. わたしは、ひとつのことを決定する前の、根回しに問題を感じる。　5 4 3 2 1 わからない
 I feel there is a problem with behind-the-scenes negotiations before decision-making.
 我认为在一个事情决定之前，处处拉关系是个问题。
27. わたしは、周りの日本人のマニュアルに沿った行動や仕事の進め方に問題を感じる。
　　　　　　　　　　　　　　　　　　　　　　　　　　　　5 4 3 2 1 わからない
 I feel there is a problem with the behavior and way of work of Japanese co-workers, exclusively in compliance with manuals.
 我认为周围的日本人工作总是墨守成规。
28. わたしは、その日の自分の仕事が終わっても会社に残る日本人に問題を感じる。
　　　　　　　　　　　　　　　　　　　　　　　　　　　　5 4 3 2 1 わからない
 I feel there is a problem with the Japanese who still remain in the office even if they have finished their own work.
 我认为已经完成一天的工作却还要留在公司加班的日本人有问题。
29. わたしは、その日のわたしの仕事が終わっても、先に帰りにくい会社の雰囲気に問題を感じる。
　　　　　　　　　　　　　　　　　　　　　　　　　　　　5 4 3 2 1 わからない
 I feel there is a problem with such an atmosphere in that I can not come home earlier.
 即使自己的工作结束后，也很难先下班，我觉得这样的公司气氛有问题。
30. わたしは、仕事の後で会社の人と飲みにいくことに抵抗を感じる。　5 4 3 2 1 わからない
 I am reluctant to go out for drinks with coworkers after work.
 我比较反感下班后和公司的人去喝酒。
31. わたしは、仕事の後でお客さんを接待することに抵抗を感じる。　　5 4 3 2 1 わからない
 I am reluctant to entertain client or guests after work.
 我不喜欢下班后被招待。
32. わたしは、仕事の後でわたしが接待されのに抵抗を感じる。　　　　5 4 3 2 1 わからない
 I am reluctant to be entertained after work.
 我比较反感下班后招待客户。
33. わたしは、わたしが休日に出勤することに問題を感じる。　　　　　5 4 3 2 1 わからない
 I detest going to work on weekends.
 我不喜欢公休日加班。
34. わたしは、わたしが仕事で家族を犠牲にすることに問題を感じる。　5 4 3 2 1 わからない
 I feel there is a problem with sacrificing my family to my work.

我不会因为工作而牺牲家庭。

35. わたしは、周りの日本人が会社に遅く来ることに問題を感じる。　5 4 3 2 1　わからない

I feel there is a problem with the Japanese in my office who come to work late.

我认为日本同事上班迟到。

36. わたしは、周りの日本人が会社に遅くまでいることに問題を感じる。5 4 3 2 1　わからない

I feel there is a problem with the Japanese in my office who stay at office until late.

我认为日本同事下班太晚。

37. わたしは、周りの日本人がわたしの国の習慣や文化を理解しようとしないことに問題を感じる。
　　　　　　　　　　　　　　　　　　　　　　　　　　　　　5 4 3 2 1　わからない

I feel there is a problem with the Japanese who do not try to understand our custom and culture.

我觉得日本同事不想理解我的祖国的习惯和文化。

38. わたしは、周りの日本人がわたしを日本人のようにふるまうことを期待していることに問題を感じる。　　　　　　　　　　　　　　　　　　　　　　　　5 4 3 2 1　わからない

I feel there is a problem with the Japanese who expect me to behave like a Japanese.

我觉得日本同事希望我的言行举止像日本人一样。

39. わたしは、わたしが日本のようなやり方で名刺交換をすることに抵抗を感じる。
　　　　　　　　　　　　　　　　　　　　　　　　　　　　　5 4 3 2 1　わからない

I am reluctant to exchange businesscards in the Japanese way.

我不喜欢日本式的交换名片。

40. わたしは、わたしが深くお辞儀をするのに抵抗を感じる。　　5 4 3 2 1　わからない

I am reluctant to bow as deeply as the Japanese do.

我不喜欢深鞠躬。

41. わたしは、わたしがお客様を「神様」のように扱うことに問題を感じる。
　　　　　　　　　　　　　　　　　　　　　　　　　　　　　5 4 3 2 1　わからない

I feel there is a problem with treating guests like God.

我不喜欢自己像对待上帝一样招待客户。

42. わたしは、会社が新しい考えや物（コンピュータなど）を採用することが遅いことに問題を感じる。　　　　　　　　　　　　　　　　　　　　　　　5 4 3 2 1　わからない

I feel there is a problem with the off-timing of adopting new ideas and things (like computers).

公司接受新观念，新事物（比如电脑）太慢。

43. わたしは、日本人の部下がわたしの仕事のやり方を理解していないことに問題を感じる。
　　　　　　　　　　　　　　　　　　　　　　　　　　　　　5 4 3 2 1　わからない

I feel there is a problem with my Japanese followers who do not understand my way of working.

我觉得日本人部下不理解我的工作方式。

以上です。御協力ありがとうございました。

Thank you very much.

（韓国語）　　　　　QUESTIONAIRRE
アンケート：外国人の仕事上の問題点

普段日本語を使って仕事をする時に、どのような問題がありますか。
次の質問を読み、1から5まで（1強く反対する、2反対する、3どちらとも思わない、4賛成する、5強く賛成する）のひとつに○をしてください。
<u>あなた個人の意見と体験によって</u>○をしてください。一般的な意見を聞いているのではありません。
よろしくお願い致します。

　　　　　　　　　　　　　　　　　　　　　　　　　　（強く賛成――――強く反対）
例）わたしは、わたしの専門知識を使えない会社に問題を感じる。　　5 ④ 3 2 1 わからない

　직장 (아르바이트) 에서 일본어를 사용하면서 일을 할 때 , 어떤 문제가 있습니까 ?
다음 질문을 읽고 , 1 에서 5 까지 (1. 전혀 그렇게 생각하지 않는다 2. 그렇게 생각하지 않는다 3. 어느 쪽도 아니다 4. 그렇게 생각한다 5. 매우 그렇게 생각한다) 의 하나에 ○표 해 주세요 .
자신의 개인적인 의견과 체험에 의해 ○표 해 주십시요 . 일반적인 의견을 묻는 것이 아닙니다 . 잘 부탁드립니다 .
　예) 나는 , 자신의 전문 지식을 사용할 수 없는 회사에 문제를 느낀다 .　5 ④ 3 2 1 わからない

1. わたしは、会社の縦社会に問題を感じる。　　　　　　　　　　5 4 3 2 1 わからない
I feel there is a problem with hierarchy in my office.
나는 회사내의 종사회 (縱社會) 에 문제를 느낀다 .
2. わたしは、会社の複雑な人間関係に問題を感じる。　　　　　　5 4 3 2 1 わからない
I feel there is a problem with complicated human relationships in my office.
나는 회사내의 복잡한 인간 관계에 문제를 느낀다 .
3. わたしは、周りの日本人がごまをすることに問題を感じる。　　5 4 3 2 1 わからない
I feel there is a problem with the Japanese people in my working domain flattering (customers, their boss etc.).
나는 주변의 일본 사람이 아부를 하는 것에 문제를 느낀다 .
4. わたしは、自分がごまをすらなければならない雰囲気に問題を感じる。
　　　　　　　　　　　　　　　　　　　　　　　　　　　　　　5 4 3 2 1 わからない
I feel there is a problem with an atmosphere where I have to flatter (butter up) the other people.
나는 자신이 아부를 하지 않으면 안되는 분위기에 문제를 느낀다 .

5. わたしは、わたし自身が思っていることをはっきり言えない会社の雰囲気に問題を感じる。

   5 4 3 2 1 わからない

   I feel there is a problem with the atmosphere where I can not express my opinions clearly when I want to.

   나는 자신이 생각하고 있는 것을 확실히 말하지 못하는 회사의 분위기에 문제를 느낀다.

6. わたしは、会社で言いたいことをはっきり言わない私自身に問題を感じる。

   5 4 3 2 1 わからない

   I feel there is a problem with myself in that I do not express my opinions clearly.

   나는 회사에서 말하고 싶은 것을 확실히 말하지 않는 자기 자신에 문제를 느낀다.

7. わたしは、会社で言いたいことをわたしにはっきり言わない周りの日本人に問題を感じる。

   5 4 3 2 1 わからない

   I feel there is a problem with people in my office who do not express their opinions clearly.

   나는, 회사에서 말하고 싶은 것을 확실히 말하지 않는 주변의 일본 사람에게 문제를 느낀다.

8. わたしは、同僚が上司がいる時といない時とでは、ことば使いや行動、態度が変わることに問題を感じる。

   5 4 3 2 1 わからない

   I feel there is a problem with my colleagues who have a different way of speaking and behavior and attitude when the boss is away.

   나는, 상사가 있을 때와 없을때의 동료의 말씨나 행동, 태도가 변하는 것에 문제를 느낀다.

9. わたしは、外国人という理由で私に多くのことを期待していない会社に問題を感じる。

   5 4 3 2 1 わからない

   I feel there is a problem with my office which do not expect much of me because I am a foreigner.

   나는, 외국인이라는 이유로, 나에게 많은 것을 기대하지 않는 회사에 문제를 느낀다.

10. わたしは、外国人という理由で会社で優遇されていることに問題を感じる。

    5 4 3 2 1 わからない

    I feel there is a problem with my office which treats me preferentially because I am a foreigner.

    나는, 외국인이라는 이유로, 회사에서 우대 받고 있는 것에 문제를 느낀다.

11. わたしは、外国人という理由で会社で差別されていることに問題を感じる。

    5 4 3 2 1 わからない

    I feel there is a problem with my office which discriminates against me because I am a foreigner.

    나는 외국인이라는 이유로 회사에서 차별받고 있는 것에 문제를 느낀다.

12. わたしは、会社からわたしに与えられた権限と責任が軽いことに問題を感じる。

    5 4 3 2 1 わからない

    I am not satisfied with the limited right and responsibility given to me by my company.

    나는, 회사가 나에게 부여한 권한과 책임이 가벼운 것에 문제를 느낀다.

13. わたしは、わたしに与えられる仕事に外国人という理由で日本人の同僚と差があることに問題を感じる。

    5 4 3 2 1 わからない

    I feel there is a problem with the difference of work allocated between Japanese colleagues and me.

    나는, 나에게 주어진 일이, 외국인이라는 이유로 일본인 동료와 차이가 있는 것에 문제를 느낀다.

14. わたしは、会社の終身雇用に問題を感じる。 5 4 3 2 1 わからない

I feel there is a problem with the life-time employment system prevailing in Japan.
나는, 회사의 종신 고용 (終身雇用) 에 문제를 느낀다 .
15. わたしは、会社の年功序列(非実力主義)に問題を感じる。　　　　5 4 3 2 1 わからない
I feel there is a problem with the seniority system (non-merit) system.
나는, 회사의 연공 서열 (年功序列, 비실력주의) 에 문제를 느낀다 .
16. わたしは、会社がわたしを有効に活用しないことに問題を感じる。
　　　　　　　　　　　　　　　　　　　　　　　　　　　5 4 3 2 1 わからない
I feel there is a problem with the company which does not utilize me fully.
나는, 회사가 나를 유효하게 활용하지 않는 것에 문제를 느낀다 .
17. わたしは、外国人という理由で、昇進に不利だということに問題を感じる。
　　　　　　　　　　　　　　　　　　　　　　　　　　　5 4 3 2 1 わからない
I feel there is a problem with disadvantage of promotion because I am a foreigner
나는, 외국인이라는 이유로 승진에 불리하다는 점에 문제를 느낀다 .
18. わたしは、外国人という理由で、給与体系に差があるということに問題を感じる。
　　　　　　　　　　　　　　　　　　　　　　　　　　　5 4 3 2 1 わからない
I feel there is a problem with the different salary-scale because I am a foreigner.
나는, 외국인이라는 이유로, 급여 체계에 차이가 있는 것에 문제를 느낀다 .
19. わたしは、わたしの仕事を一人で進めることができないことに問題を感じる。
　　　　　　　　　　　　　　　　　　　　　　　　　　　5 4 3 2 1 わからない
I feel there is a problem with the situation under which I can not proceed my work by myself.
나는, 내 일을 혼자서 진행시킬 수 없는 것에 문제를 느낀다 .
20. わたしは、会社の中や取引先と、ひとつのことが決まるまで、時間がかかりすぎることに問題を感じる。　　　　　　　　　　　　　　　　　　5 4 3 2 1 わからない
I feel there is a problem with consuming too much time to arrive at a decision within the office or with my clients.
나는, 회사 자체내 혹은 거래처와 하나의 문제가 결정 될 때까지 시간이 너무 많이 걸리는 것에 문제를 느낀다 .
21. わたしは、日本人の上司が仕事の結果以外に、プロセスまで重視するのに問題を感じる。
　　　　　　　　　　　　　　　　　　　　　　　　　　　5 4 3 2 1 わからない
I feel there is a problem with what my Japanese boss places emphasis on not only my result but also the process.
나는, 일본인 상사가 일의 결과 이외에, 프로세스 (과정) 까지 중시하는 것에 문제를 느낀다 .
22. わたしは、周りの日本人の仕事の効率の悪さに問題を感じる。　　5 4 3 2 1 わからない
I feel there is a problem with the inefficiency of Japanese coworkers or clients.
나는, 내 주위의 일본인의 일의 효율성이 낮은 것에 문제를 느낀다 .
23. わたしは、会議の数の多さに問題を感じる。　　　　　　　　　5 4 3 2 1 わからない
I feel there is a problem with too many meetings.
나는, 회의가 많은 것에 문제를 느낀다 .

24. わたしは、必要以上に時間のかかる会議に問題を感じる。　　　5 4 3 2 1 わからない
    I feel there is a problem with meetings which takes more time than necessary.
    나는 필요 이상으로 시간이 걸리는 회의에 문제를 느낀다.
25. わたしは、結論のでない会議、または会議のやり方に問題を感じる。5 4 3 2 1 わからない
    I feel there is a problem with meetings or the way of meetings that do not come to any concrete conclusion.
    나는, 결론이 나지 않는 회의, 또는 회의 방법에 문제를 느낀다.
26. わたしは、ひとつのことを決定する前の、根回しに問題を感じる。　5 4 3 2 1 わからない
    I feel there is a problem with behind-the-scenes negotiations before decision-making.
    나는, 한 가지 문제를 결정하기 전에, 사전 교섭에 문제를 느낀다.
27. わたしは、周りの日本人のマニュアルに沿った行動や仕事の進め方に問題を感じる。
    　　　　　　　　　　　　　　　　　　　　　　　　　　　　　5 4 3 2 1 わからない
    I feel there is a problem with the behavior and way of work of Japanese co-workers, exclusively in compliance with manuals.
    나는, 주위의 일본 사람이 메뉴얼(자료)에 의존하는 행동이나 일의 진행 방법에 문제를 느낀다.
28. わたしは、その日の自分の仕事が終わっても会社に残る日本人に問題を感じる。
    　　　　　　　　　　　　　　　　　　　　　　　　　　　　　5 4 3 2 1 わからない
    I feel there is a problem with the Japanese who still remain in the office even if they have finished their own work.
    나는, 그 날 자신이 해야 할 일을 끝내고도 회사에 남아 있는 일본인에게 문제를 느낀다.
29. わたしは、その日のわたしの仕事が終わっても、先に帰りにくい会社の雰囲気に問題を感じる。
    　　　　　　　　　　　　　　　　　　　　　　　　　　　　　5 4 3 2 1 わからない
    I feel there is a problem with such an atmosphere in that I can not come home earlier.
    나는, 그날 자신이 해야 할 일이 끝나도 먼저 퇴근하기 어려운 회사 분위기에 문제를 느낀다.
30. わたしは、仕事の後で会社の人と飲みにいくことに抵抗を感じる。　5 4 3 2 1 わからない
    I am reluctant to go out for drinks with coworkers after work.
    나는, 일이 끝난 후에 회사 사람들과 술을 마시러 가는 것에 저항을 느낀다.
31. わたしは、仕事の後でお客さんを接待することに抵抗を感じる。　　5 4 3 2 1 わからない
    I am reluctant to entertain client or guests after work.
    나는, 일이 끝난 후에 손님을 접대하는 것에 저항을 느낀다.
32. わたしは、仕事の後でわたしが接待されのに抵抗を感じる。　　　　5 4 3 2 1 わからない
    I am reluctant to be entertained after work.
    나는, 일이 끝난 후에 내가 접대를 받는 것에 저항을 느낀다.
33. わたしは、わたしが休日に出勤することに問題を感じる。　　　　　5 4 3 2 1 わからない
    I detest going to work on weekends.
    나는 내가 휴일에 출근하는 것에 문제를 느낀다.
34. わたしは、わたしが仕事で家族を犠牲にすることに問題を感じる。　5 4 3 2 1 わからない
    I feel there is a problem with sacrificing my family to my work.

나는, 내 일로 인해 가족을 희생시키는 것에 문제를 느낀다.

35. わたしは、周りの日本人が会社に遅く来ることに問題を感じる。　　5 4 3 2 1 わからない

I feel there is a problem with the Japanese in my office who come to work late.

나는, 주위의 일본 사람이 회사에 늦게 출근하는 것에 문제를 느낀다.

36. わたしは、周りの日本人が会社に遅くまでいることに問題を感じる。5 4 3 2 1 わからない

I feel there is a problem with the Japanese in my office who stay at office until late.

나는, 주위의 일본인이 회사에 늦게까지 남아 있는 것에 문제를 느낀다.

37. わたしは、周りの日本人がわたしの国の習慣や文化を理解しようとしないことに問題を感じる。

　　　　　　　　　　　　　　　　　　　　　　　　　5 4 3 2 1 わからない

I feel there is a problem with the Japanese who do not try to understand our custom and culture.

나는, 주변의 일본인이 우리나라의 습관과 문화를 이해하려고 하지 않는 것에 문제를 느낀다.

38. わたしは、周りの日本人がわたしを日本人のようにふるまうことを期待していることに問題を感じる。　　　　　　　　　　　　　　　　　　　　　5 4 3 2 1 わからない

I feel there is a problem with the Japanese who expect me to behave like a Japanese.

나는, 주변의 일본인이 내가 일본인처럼 행동하기를 기대하고 있는 것에 문제를 느낀다.

39. わたしは、わたしが日本のようなやり方で名刺交換をすることに抵抗を感じる。

　　　　　　　　　　　　　　　　　　　　　　　　　5 4 3 2 1 わからない

I am reluctant to exchange businesscards in the Japanese way.

나는, 내가 일본 사람처럼 명함 교환을 해야 하는 것에 저항을 느낀다.

40. わたしは、わたしが深くお辞儀をするのに抵抗を感じる。　　5 4 3 2 1 わからない

I am reluctant to bow as deeply as the Japanese do.

나는, 내가 정중히 절(인사)을 하는 것에 저항감을 느낀다.

41. わたしは、わたしがお客様を「神様」のように扱うことに問題を感じる。

　　　　　　　　　　　　　　　　　　　　　　　　　5 4 3 2 1 わからない

I feel there is a problem with treating guests like God.

나는, 내가 손님을 「신」처럼 모시는 것에 문제를 느낀다.

42. わたしは、会社が新しい考えや物(コンピュータなど)を採用することが遅いことに問題を感じる。　　　　　　　　　　　　　　　　　　　　　5 4 3 2 1 わからない

I feel there is a problem with the off-timing of adopting new ideas and things (like computers).

나는, 회사가 새로운 사고 방식이나 물건(컴퓨터등)를 채용하는것이 늦은 것에 문제를 느낀다.

43. わたしは、日本人の部下がわたしの仕事のやり方を理解していないことに問題を感じる。

　　　　　　　　　　　　　　　　　　　　　　　　　5 4 3 2 1 わからない

I feel there is a problem with my Japanese followers who do not understand my way of working.

나는, 일본인 부하가 나의 일처리 방법을 이해하지 않는 것에 문제를 느낀다.

以上です。御協力ありがとうございました。

Thank you very much.

第 3 章
日本語母語場面の
ビジネス・インターアクション研究
―会議における「仕事の非効率」とは―
【研究 2】

第1章では、外国人ビジネス関係者を取り巻く背景と本研究の研究目的を述べた。第2章では、外国人ビジネス関係者を対象とした質問紙による調査から、外国人ビジネス関係者の抱えている問題点を把握し、属性の与える影響を明らかにした【研究1】。これにより、外国人ビジネス関係者の感じている問題点は、①不当な待遇、②仕事の非効率、③仕事にまつわる慣行の相違、④文化習慣の相違であることが示された。そこで、本章では、【研究1】で挙げられた問題点のうち、②仕事の非効率に焦点を当て、実際に日本人ビジネス関係者同士の会議を分析し、外国人ビジネス関係者に非効率とされていることの実態を探ることにする。外国人ビジネス関係者のいう非効率的な会議とはどういうものなのだろうか。母語場面の実態の解明にその手掛りを求め研究を進める。ここから外国人ビジネス関係者が感じている問題点の改善への示唆を見出す。

3.1 研究目的と研究課題

【研究2】は、外国人ビジネス関係者が問題視していることのひとつである「仕事の非効率」に焦点を当てる。そして、どのような特徴が外国人ビジネス関係者に非効率と感じさせているのかを、母語場面の会議におけるインターアクションを詳細に見ることによって探ることにする。【研究1】の質問紙による量的調査で得られた結果が、日本人同士の実際の会議ではどのよ

うであったか、その実態を見ることを目的とし、質的分析を行う。母語場面の中でも会議を分析対象に選択した理由は、【研究1】の因子分析において会議に関する項目が因子負荷量の上位を占めていたからである[1]。回数の多さ、その運営方法、「必要以上に時間がかかり」「結論のでない」と把握している等、会議に問題を感じていることが【研究1】で明らかになり、さらに研究を進めていく意義があると認められた。また、接触場面ではなく母語場面の会議を分析対象に選択した理由は、第1章(1.6)で述べたように、第1に、外国人ビジネス関係者の感じている問題点の所在を突き止めるには、まず母語場面の実態を把握する必要があると考えるからである。第2に、先行研究が母語場面を扱っており、この結果との比較対照が可能であるからである。第3に、日本企業の親会社に外国企業を迎えることが推進され、外資系企業による日本企業の買収が加速化すると見られ、その結果、日本人ビジネス関係者は、いつ何時、外国人ビジネス関係者を上司や同僚、取引先に迎えるかわからないといった状況にあるからである。つまり、社会と経済の構図が変化していることから、より汎用性のある母語使用場面を探ることが先決であると考えた。

会議についてはこれまでYamada(1992、1997)でアメリカ人同士(銀行員)の英語による社内会議と日本人同士(銀行員)の日本語による社内会議の対照研究が行われている。アメリカ人の会議は、週の定例会であり参加者が3人で時間は27分間であった。日本人のデータも定例会(課長会)であり、参加者が3人でその時間は20分間であった。主にトピック管理とインターアクションへの期待(expectation)についての分析を行い、日米間の会議の相違を見出すことで、双方がビジネスを行う時に誤解やステレオタイプを生む可能性が高い原因を考察している。例えば、原因のひとつとしてトピックの所有権(topic ownership: 会議の参加者に与えられたトピックを持ち出す権利)という考え方が異なっていることを挙げている。アメリカ人のトピックの始まり方と終わり方にはあるパターンがあり、話(talk)を持ち出したものが責任を持ってその話を明示的に終わらせるという特徴がある[2]。一方、日本人のトピックの始まり方と終わり方にはこの様な特徴がなく、日本人参加者は誰でもいかなる時に(トピックを中断しても)新しいトピックを持ち出すこ

とが可能であり、トピックがひとつひとつ完結しないという特徴があるという。アメリカ人のトピック展開は直線的な (linear) 構造をとっており、日本人のトピック展開は循環型 (circular) であると特徴づけられている。そして、アメリカ人の会議の目的が、会議時の課題（案件）を整理することにある一方で、日本人の会議の目的は、同僚（課長同士）との人間関係を維持することにあると説明している[3]。この双方の違いから、日本人同士の会議は目的意識や課題がない (non-task sounding) とアメリカ人に思われる危険性があることを示唆している。

　しかし、Yamada (1992、1997) の研究対象は同じ役職（課長）の者からなる社内会議に限られており、会社間の会議は取り上げられていないため、ビジネス会議の全体の特徴とは言い難い。【研究1】で外国人ビジネス関係者が問題を感じているのは、社内会議と会社間会議の双方であることが示されており、会議の実態を解明するためには、会社間会議の分析も行うことが必要である。というのは、会社間の会議は、さまざまな取引を前提にしていることが多く、利潤の追求に直結した場であると考えられ、社内会議とは異なっている面があるからである。つまり、社内の人間関係を維持していく上でとるストラテジーと会社間の人間関係を維持していく上でとるストラテジーとでは異なった特徴が見られる可能性がある。また、「お客様は神様です」という喩えが長年言われてきたように、その人間関係は社内の人間関係とは異なる配慮が必要であることも考えられる。このように、社内のみならず会社間会議のインターアクションを詳細に見ることによって、会議全般において具体的にどのようなことが外国人ビジネス関係者にとって非効率を感じさせるかが明らかにできると思われる。

　ここでは特に、日本人の会議の特徴であると言われているトピック循環 (Yamada 1992、1997) に着目したい。トピックが完結し直線的に進むアメリカ人の場合と比較すると、日本人の会議は時間を要するという理由で、外国人ビジネス関係者の目には非効率と映るのではないかと予測できる。また、一方で、会社間の会議は社内会議と比較すると、一般的に内容がビジネス中心になり儀礼的な部分も多いことから、脇道に逸れるということが少なく、直線上に進むという見方もできる。アメリカ人同士の英語による会議のよう

に、日本人同士の会社間会議では、ひとつのトピック内で案件（話）を終結させているのだろうか。トピック展開が循環型か線状型か、双方の可能性が考えられる。

このようなトピック展開に注目し、日本と台湾の大学生同士のグループ討論場面を扱った陳(1998)は、日本人学生のトピック展開がひとつの話題が途中で逸れ、また戻ってくるという意味で、「ブーメラン式」であると説明している[4]。この研究はビジネス会議を分析対象としたものではないが、文化によってトピック展開の仕方が異なっていることを示唆している。また、トピック展開について、線状構造と階層構造の両方の視点から捉えることを提案した村上・熊取谷(1995)[5]では、日本語のトピック展開構造の複雑性を示唆している。線状構造は、Yamada(1992)と同様の捉え方であると言える。しかしながら、この線状構造だけでは隣接間のトピックの関係が捉えられないとして、複数の関連するトピックがより大きなひとつのトピックとしてまとまりを形成するものと捉える階層構造から見る立場も必要であることを述べている(村上・熊取谷 1995)。つまり、階層構造は談話全体におけるまとまったトピックの大きさを表し、談話全体におけるトピックの位置付けを示していると解釈できる。

これら、Yamada(1992、1997)、陳(1998)、村上・熊取谷(1995)の知見に加え、トピック展開は会議全体の進行や内容を理解するのにも重要な要素であることから、その分析の意義が認められると思われる。そこで、こうした研究を踏まえて、本研究ではトピック展開を切り口として会議の実態を探る。

また、前述したように、【研究1】で外国人ビジネス関係者にとっては会議で結論がでないことが非効率的であると問題視されていることが示された。しかしながら、Yamada(1997)で扱われた日本人同士の社内会議の目的は人間関係維持であると言われ、決定場面の特徴を掘り下げてはいない。人間関係維持が目的であるという結論は、課長会という役職の同じ者による会議をデータとしており、このような特徴は横のつながりを重んじているためであると推測することもできる。そのため、会社間会議ではどうかという疑問が残る。課題決定[6]、取引の成立、利潤追求、会社間の関係の維持など、

社内会議と異なる目的や背景がある場合は、人間関係はどのように維持されていくのだろうか。この中でも本章では、会議の性質上、課題決定のプロセスに焦点を当て、人間関係維持と課題決定の関係を探る。以下に研究課題を示す。

研究課題1: トピックはどのように展開されるのか。
研究課題2: 課題決定と人間関係維持とはどのような関係になっているのか。

これらの分析の結果、日本人ビジネス関係者の間では当たり前と思われ、無意識の合意のもとに営まれているが、実は、外国人ビジネス関係者の目には非効率に映り、不満や誤解をもたらしている日本人ビジネス関係者の言語行動やビジネス慣習が浮き彫りになると考えられる。

3.2　研究方法

3.2.1　分析の枠組み

研究課題1はトピック展開についてであるが、ここで言うトピックとは、「話し手と聞き手のやり取りからなる発話のひとまとまりの中で、言及の対象となっている、ある特定の事柄」(村上・熊取谷1995: 101)とする。村上・熊取谷(1995)では、前述したとおり、トピックの展開構造は、相互補完している線状構造と階層構造の両方の視点から捉えることを提案している。他方、Yamada(1992、1997)では、線状構造のみが注目され、主に、トピックが新出型か派生型か再生型かが分析されている。本章はトピック展開を分析する上で階層構造という視点を加味し、小さい複数の関連するトピックが、より大きなトピックとしてまとまりを形成することを考慮する。そのまとまり、すなわちトピックの規模が、会議全体の中でのトピックの位置付けを示し、いかにそのトピックが会議で重要であったか、あるいは時間を必要としたかがわかると考えるからである。

研究課題2では、課題決定と人間関係維持の関係を探る。前述したよう

に、Yamada (1997) では会議 (社内) の目的が人間関係維持であることが示された。とはいえ、これは課長会という場面の特徴であることが推測されるので、会社間会議を分析し決定までのプロセスにおいて人間関係維持が優先されているかを中心に見ることにする。

3.2.2　データ概要

データとする会議は、広告代理店 K 社 2 名 (K1、K2) と広告代理店 T 社 3 名 (TD、TE、TR[7]) の計 5 名で行われた。会議の主な目的は、依頼された雑誌に使用する紙と紙の量、そしてページ数を決定し、制作スケジュールを詰めることであった。K 社、T 社共に広告代理店であり、各々代理業務も行っている。つまり、K 社は印刷業者への発注の、T 社はクライアントからの受注による制作 (外部に発注) の代理業務をしている。K 社営業担当者である K1 は今回のプロジェクトで K 社を代表する権限をもっている。K2 は新人営業アシスタントである。T 社側は、TR がこのプロジェクトの責任者 (発注クライアントを担当する営業担当者)、TE が制作責任者、TD は制作実務の専門家である。K 社と T 社はこれまでも頻繁に取引をしており、K2 (新人) 以外はかなり打ち解けた間柄である。K1 と TR に限っては旧知の間柄であり、この 2 人の関係から両社の関係が生まれている。年齢は K1 が 40 代前半、K2 が 20 代前半、TD が 30 代前半、TE が 30 代後半、TR が 40 代前半である。性別は K2 が女性であり、その他は男性である。なお、これらを図 3.1 と表 3.1 に示す。

　会議時間は 30 分であった。MD 録音したものを文字化した後、フォローアップ・インタビューを行った。会議のデータは章末の資料を参照されたい。

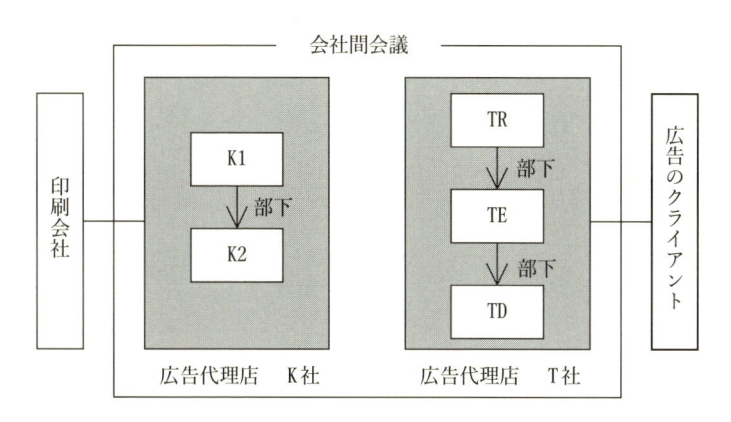

図 3.1 会社関係図

表 3.1 インターアクションの参加者

広告代理店	K社 (印刷業者の代理業務)		T社 (クライアントの代理業務)		
名　前	K1	K2	TD	TE	TR
役　職	営業担当者 K社側責任者	新人営業 アシスタント	製作実務 専門家	製作責任者	営業担当者 T社側責任者
年　齢	40代前半	20代前半	30代前半	30代後半	40代前半
性　別	男性	女性	男性	男性	男性
その他	K1とTRは友人				

3.3 結果と考察

3.3.1 研究課題の1の結果と考察

3.3.1.1 トピックの型と展開

トピックを談話内容から見ると、その連結型として、新出型、派生型、再生型の3種がある（村上・熊取谷 1995）。30分の会議でトピックの総数は73であった。先行トピックの中で全く言及されてこなかった、いわゆる新出型のトピックが33、先行トピックで言及された事象からトピックが選ばれ導入された、いわゆる派生型トピックが25、隣接トピックの間では一見新出型に見えるが、実はそれ以前のトピックで語られていた、いわゆる再生型ト

ピックが15であった。つまり、新出型のトピックは総数のうちの半数以下（45%）にすぎない。新出型トピックのうち半数近くが再生型となり、会社間の会議でもトピックが循環していることがわかる。

次に、会議の開始からのトピックの展開（8分間）を図3.3に示す。トピックが線状に進んでいる部分と、階層を成している部分、さらに循環している部分が示されている。

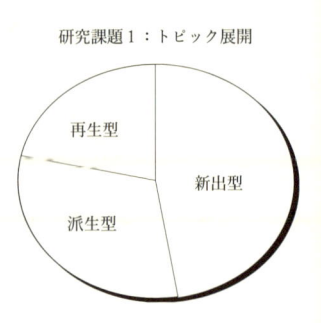

図 3.2 トピックの型

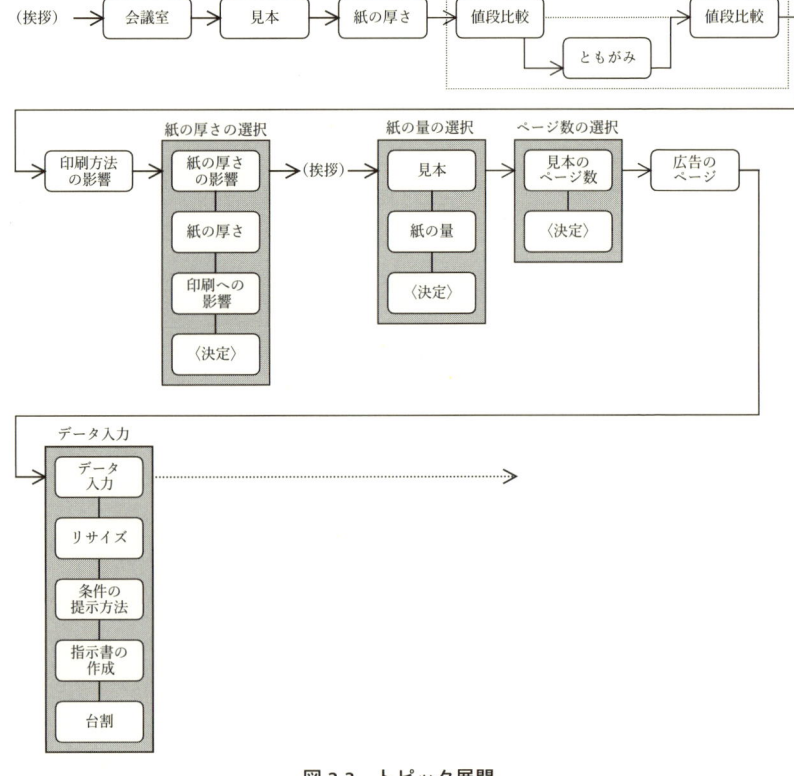

図 3.3 トピック展開

上記のトピックの型が、実際のインターアクションでどのように現れたかを紹介する。まず、新出型である。

【例1　新出型①】（葉書の位置の確認からページ数について）
01　TE　で、御確認いただいて、これのほうがいいっていうのがあれ
　　　　ば、それに合わせてまた変えていきますんで。
→02　K1　そうですね、はい。で、これは、今、一応何ページなんですか。
03　TE　これはねー、さっき、

　これは、雑誌の中で葉書を入れる位置の話からページ数の話へとトピックが移行している部分である。「で」という省略型の接続詞を伴って新しいトピックが開始されていることがわかる。

【例2　新出型②】（雑誌の編集と広告の締めきりが揃わないことについて）
01　TE　確かに、広告がごてごてになっちゃってー。
→　　　　〈沈黙〉
02　TD　終わりですね。
03　K1　え？
04　TD　終わりですね、印刷会社はね、こんなの作ってるようじゃ。

　これは編集と広告の締めきりが揃わないという話から、印刷会社が紙質の悪い雑誌を制作することへの不満へと話題が移っていった例である。ここでは沈黙がトピックを変える役目をしているのがわかる。
　上記の2つの例から、新出型にも言語を伴う場合と言語を伴わない、いわゆる非言語の場合があることが示された。
　次に派生型について述べる。

【例3　派生型】（探していた見本を発見したあとで）
01　K1　これはね、15だ、あれ？なにこれ15だ、なんだ、あるじゃ/
　　　　ん。

02　TD　　／あー。
03　K1　　今日一生懸命さがしたんですよ。これだ、なんだ。あるじゃん。
→04　TD　　K1 さんよくね、手元に置いて忘れてるんですよ。
　　　　　　〈一同笑い〉
05　TD　　つい最近、そういうことありましたよ。
06　K1　　ありました？それすら忘れてる。〈笑い〉
　　　　　　〈一同笑い〉

　この例は K1 が探していた見本を発見したことに対して TD が冗談を言っているところである。見本の話から忘れっぽいということへトピックが移行している。
　次に、再生型を示す。再生型には言語を伴う明示的な再生の仕方と沈黙による非明示的な再生の仕方が観察された。

【例4　再生型①】（K1 が見本の説明を始めたところ、友人でもある TR が違うところを見ていることに対して）
01　K1　　それがー見本です。束見本。（紙類をめくる音）それ1部だけじゃないです。いろいろちょっと説明なんかもー。
→02　TR　　これなんかー。
→03　K1　　ちゃんと説明きいてからー。ええと、6種類、持って来ました。

　会議が開始されるとすぐに、K1 によって雑誌に使用する紙の見本説明が行われた。しかし、相手先（T 社）で友人でもある TR が説明に無関係なところを見ていたために、K1 は TR に注意を促す（01）。しかし、TR は説明を聞かずに異なることを質問しようとした（02）。K1 は TR が疑問を抱いていることはわかっていたが、自分の説明を続けるために TR の質問を後回しにさせトピックを戻している。
　次の例は、沈黙が先行トピックを終了させている。そして後に続くトピッ

クが再生型のものである。

【例5　再生型②】（雑誌の扱われ方と傷みについて）
　01　TD　そうしたら、傷んだやつはお店のほうが嫌がって捨てちゃいますよ。
→〈沈黙〉
　02　TE　じゃ、その指示の部分と、あと葉書ですね。葉書の位置とー。

　これは雑誌がレジなどで無料配布されるという話から、沈黙を挟み、それ以前に話された雑誌に入れる広告の葉書の位置という話へ戻った例である。トピックが変わる時に沈黙が観察された。

【例6　派生型、再生型】（雑誌に挟む広告の位置について）
　01　TE　それで、あと葉書の入れる位置の問題っていうのは、特にはー。
　02　K1　あれ？あれは折りの途中だった／からー。
　03　TD　／折りの途中だったから、どこでも構わない。
　04　TE　どこでも構わない。
　05　K1　どこでも構わないと思いますよ。
　06　TD　センター以外だったら大丈夫。
　07　K1　あと、変な所にあったら破くってことできないですかね。やっぱ折りと折りを重ねんのかなあ、重ねるんじゃ／ないー。
　08　TD　／でもね、16、16、16単位で折っていって、その間にかましていくから、（うん）その、だから、あのー、ここの間っていうのは、やっぱあると思う。
→09　TE　逆にそれ先に印刷の都合聞いちゃった方がー
→10　K1　でも、これ全紙で、一発で全部折るんかー
　11　TD　多分、16で32でしょ？8、8、に分けちゃうとかー、（ああ）するかもしれない。そうすると、16、16の間で入るっていう感じです。

12	K1	あー、この間で。あー、できるのかな？
13	TE	その間ー、ちょっとわからないですね。
→		それだけじゃ確／認してー。
14	K1	／確認しましょうか、葉書の位置ね。
→15	TD	安くするんだったら、16、1台でポーンといっちゃうでしょ。
16	K1	本体にー中綴じしか書いてない。
		〈沈黙〉
17	TD	巻き紙ですからね、何とでもなると思うんですがね。
18	K1	ええ、多分ね。
→19	TE	で、御確認いただいて、これのほうがいいっていうのがあれば、それに合わせて変えていきますんで。
20	K1	そうですね、はい。

　TE が、雑誌に挟む広告の葉書をどの位置に置いて印刷するかを確認したいと思い、葉書きの位置について話を開始した場面である（01）。そのことについて TD と K1 は意見を交換している（02 から 08 まで）。しかし、2 人で話していても解決しないので、TE は「逆にそれ先に印刷の都合聞いちゃった方がー」（09）と口を挟み自分の意見を表明する。が、その後も（10 から 12）TD と K1 は自分の意見を言い続けたため、TE も 2 人に同調し（13）、その上で、「それだけじゃ確／認してー」と TE は再度 K1 に確認を依頼している。そして K1 の同意が得られ確認することに落ち着いた。しかし、その後も K1 と TE の意見交換が続いている（15 から 18）。そのため、TE は譲歩できる姿勢を見せることでトピックを戻す（19）。K1 が TE の提案に対し納得した形でこのトピックが終了している。

【例 7　再生型③】（入稿時の入力方法について）
　入稿時の入力方法については 30 分の会議の間に 3 度取り上げられたトピックであった。最初に取り上げられた時点（第 1 段階）で基本的に入力はデータで行うことが決まり、印刷業者がそれらを明記した指示書を作成するということで同意が得られる。

〈第1段階:開始後7分〉

01 K1 で、その話もしようと思ったんですけどね、やっぱり基本的には、データで入れてくれっていうことにしたいんですけどー。
02 TD でも、こっちも面倒くさいからそれがいいんですけど〈笑い〉
03 K1 でも、くるでしょ?
04 TD 多分ね。
05 K1 版下できたり。で、版下ならまだいいんですって。フィルムでこられた時には、もう一。
06 TD フィルムは来ないでしょ。フィルムはノーにしますよ。
　　　〈略〉
08 TD それは〈フィルムは〉ノーにします。だからデータないし版下でのリサイズはお頼みするかもしれません。
09 K1 あ、そうですね。それは大丈夫、だったら問題ないです。
　　　〈略〉
→12 TD CIDも、オーケーですよ、とか、その辺が一番怖いんで、アプリケーションも、だからコウフの4.0を使っていたりとか、イラストレーターの8.0を使っていたりとかするんで、その部分を、あの、対応できるのか、とかっていう形で。
→13 K1 それは、現場の人間、連れてきた方が早いかもしれないですね。
→14 TD だから、逆に言うと、そちらで指示書を作ってもらっていいですよ。
15 K1 ああ、なるほどね。こういう条件で入れてくれとかー。
16 TE ああ、そうか、そうか、それがあるとありがたいですね。

入稿時のデータの入力方法に関して、K1はデータ入力するようにT社側に頼んでいる。そして、K1はフィルムの場合は受け取れないことを述べ、TDもそのことに納得している。さらに、TDは印刷業者の対応できるソフト名を教えてほしいことを告げる(12)。しかし、K1はその知識がなく回答

できず、「現場の人間を連れてくる」(13)と述べ返答を先延ばしにしている。それに対し、TD は指示書を作ることを提案し(14)、K1 と TE が同意を示したことで結論に達した。これは会議開始後 7 分に行われた。しかしながら、開始後 19 分で、フィルム入力の件については再び話し合われることになる。それが次に示す第 2 段階である。

〈第 2 段階：開始後 19 分〉

→01　K1　今、同じようなことやってるんですけど、絶対、絶対、フィルムでもらってるから、あれは、もう向こうから、出しませんよってぐらいにしてるんですよ。これ、そういうわけいかないでしょ？

02　TD　うーん、データでもらったら、ほら、大丈夫ですよ。

03　K1　全部フィルムだったら、まだあれですけど。
で、コストの問題もあるし、ばらついちゃってると、絶対 1 工程入るんでお金、かかるっていうんですから。例えば 8 ページ、8 ページのうち 7 ページがデータだと、1 ページフィルムだと全部 8 ページ分の値段がかかっちゃう、それ、もったいないなって思うんですけどね。

→04　TE　やー、きつい。広告もひとつ、ふたつしかこないでしょうし、作業がね、やっぱ連休明けになっちゃうんですよ。

前述したように入力についてデータでもらうことと、印刷業者が指示書を作成するという結論が出ていたが、会議開始後 19 分になって K1 が再び同じトピックを持ち出し、再度フィルムでの入稿を認めていないことを述べ始めた(01)。しかし、この時は K1 は即座に、「全部フィルムだったら、まだあれですけど」と一度自ら言いすぎた点を緩和し、フィルムでの入稿はコストがかかり、結果的に T 社並びに T 社のクライアントに不利であることに言及している。この一連の話に対し、TE は「きつい」と述べてはいるものの、それ以上議論することを回避しトピックを変えている(04)。

さらに、この「データ入力」というトピックは、次に示すように、後に

K1が同トピックを再度復活させたことにより話し合われることになった(第3段階)。第2段階から7分過ぎた会議開始後26分が経過したところである。なお、第2段階から第3段階に移るまでの7分間に、さまざまな他のトピックが持ち上がった[8]。

〈第3段階：開始後26分〉

01　K1　それとね、そのデータでくださいって言っても、いろんなスポンサーがいるだろうっていう考え方で、値段の方も印刷会社とある程度、その、前もって約束しておいた方がいいかなってのがあるんですよ。で、それでまた、さっきも出した見積もりに、例えば、写真分解、完全データじゃなくて写真は別にしてって言われれば、1点いくらですよ、とか、版下だといくらー。

→02　TD　でもそれも、ある程度、見込んでてもらわないと、版下の場合は、例えば10点を超えたら、くださいとかー。

03　K1　もちろん、融通はきかせるつもりで、あの訂正とかなんとかってのも、全部込みでやらせてもらいますって話であったんですが、それも基本的にはデータ全部、今の条件は全部データで入ってくるって前提だったんで、多少バラバラになった場合、やっぱりこうフィルム絶対駄目ってなれば、それは、あとはだいたいー〈大体〉、平気ですけど、だからフィルムできた場合だけ怖いんですよ。でも、まあ、TRさんの話でも、だからと言って、クライアントにね、請求できないっていった場合でも、印刷屋がじゃあ泣けってわけにも、いかない部分もあるじゃないですか。
　　　　　だから、こうなった場合は、これだけみてあげるよっていう、この、きょうはんいー〈許容範囲〉。

04　TD　じゃあ、フィルムを2社ぐらいはそん中で試そうとか、そのぐらいの話はやってもらえるとー。

05　K1　もちろん。

06　TD　フィルムになったら必ず、とか言ったら、難しいですよ。だから写真分解も、10点超えたらやりすぎですからくださいよって、そのくらいの話である程度収めてもらって。
07　K1　そうですね。
08　TD　〈略〉版下も、だから、全体の何割超えたらくださいってー。
09　K1　そうですね。

　フィルム入力は困ることを再度 K1 が伝えている場面である。TD が K 社に対して譲歩を求めている (02) のに対し、K1 は印刷業者の事情の説明をする。その上で許容範囲を決めると譲歩の姿勢を見せている。
　例7をまとめると次のことが言える。時間的に見ると、会議開始後7分でフィルム入力は認めないという結論に達し、指示書を作成し明記されることが決められる。しかし、19分を過ぎたところで再度入力方法について話されることになる。さらに、26分にも再び話し合われた。以上のことを図示したのが図3.4である。

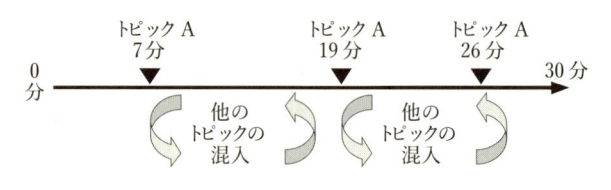

図 3.4　トピック循環

3.3.1.2　トピック変換の表示の有無

トピック変換時には、話題が変わったことを示す表現が使用されることが、村上・熊取谷 (1995) の研究で明らかにされていることは前述の通りである。それは、「そう言えば」「話は変わるけど」等の表現を指し、「後続トピックの開始部に見られる結束性表示行動」[9]と言われている。この観点から分析すると、トピック変換の表示がある場合もない場合も観察された。例1では、「で」という談話標識が使用され新しいトピックが導入されていた。例2と

例5では、沈黙がその役割をしていた。例3では、相手に働きかける言葉を伴っていた。例4では、「これなんか」と実物を提示しトピック変換を示していた。例6では、「でも」という談話表示や「それだけじゃ確認して」というまとめを導く談話標識が使用されていた。しかし、「安くするんだったら」という表現にはトピックを変換するという表示は見られなかった。最後は「で、ご確認いただいて」の「で」が談話標識となっていた。例7の第2段階では、「今、同じようなことをやってるんですけど」というメタ言語を使用し後続の内容を示していた。しかし、「やー、きつい」のあとのトピック変換は、何も表示がなく突然新しいトピックが導入されていた。第3段階では「それとね」という談話展開を示唆する表現が見られた。

上記の母語話者同士の会議ではトピック変換になんらかの表示（シグナル）がある場合とない場合が見られた。表示がない場合は日本人ビジネス関係者同士の間ではトピック変換が無意識のうちに共有されていると解釈できる。

このような日本人ビジネス関係者同士で共有されているフレームは、日本語を母語としない外国人ビジネス関係者にとってはコミュニケーションの支障になり兼ねない。それは文化ごとにフレームが異なるからである。例えば、トピック変換の表示が明示的であり、トピックが直線的 (linear) に進むフレームを持つ英語圏の者にとっては、日本語の会議中にトピック変換が何の表示もないということは理解し難いことと言える。また、台湾出身者が母語で討論する場合、トピックが連想ゲームのように進むことが陳 (1998) の研究で明らかになっている。このため、英語圏に限らず、台湾出身者にとっても日本語での会議のトピック展開が異質のものとして捉えられる。これらのことを加味すると、会議に関する文化的フレームが異なる外国人ビジネス関係者は、トピックが直線的に進展しないということに疑問を持つだけでなく、気がつくとトピックが変わっており、「なぜ今このことを話しているのかわからない」といった疑問や違和感を抱くことが考えられる。

3.3.1.3　トピック変換の機能

次に、トピック変換の機能について考察する。まず、会社間会議におけるトピック変換は衝突を避けるという意味で人間関係を維持する機能が見出さ

れた。前述した例7でTEは自らトピックを変換し議論することを止めてしまっている。これは話の焦点を他に移すことを意味するので、相手との対立を避けるという点では人間関係が保たれ効果的であったと言える。つまり社内会議で見られたトピック変換が衝突を回避する (Yamada 1997) という特徴は、会社間会議でも見られることがわかった。日本人ビジネス関係者の母語話者同士では、対立せずに、互いの面子が維持されたことに異論を唱える者はあまりないように思われる。というのも、日本人は、意見の対立と人間関係の対立をしばしば同じように考える傾向が見られるからである。

しかし、外国人ビジネス関係者は議論を行うことを当然と思い、意見対立と人間関係の対立とは別のものとして考えている。そのため、意見対立を避けるというトピック変換の機能を理解することは容易なことではない。そして、この点が、【研究1】で示された「時間が必要以上にかかる」「結論がでない」と感じさせている原因であると解釈できる。外国人ビジネス関係者にとっては、意見の対立と人間関係の維持とは異なる次元にあるため、この議論することを避けるトピック変換は「仕事の非効率」と解釈される可能性が高いと言えよう。

3.3.1.4　内容確認のメタ言語行動の欠如

話された内容を確認するメタ言語行動の使用は、本データにおいては全般的に見られなかった。例えば、「入稿はデータ入力で行うことが先程決まりましたが」、「フィルムは受け付けないことになりましたので」といった確認がなかった。メタ言語行動の欠如は、一見、トピック展開と無関係のように思えるかもしれない。しかし、例7でも示したとおり、メタ言語行動が使用されなかったことで、話の内容を繰り返すことにつながっていた。

なぜメタ言語が使用されないのか。これは、既に相手が話したことに関して確認することが、相手の面子を脅かす、失礼に当たるなど、人間関係を維持するのにマイナスに働くと日本人ビジネス関係者の間で考えられているからだと思われる。すなわち、確認作業を行わないことが人間関係維持のストラテジーのひとつであると解釈できる。

しかし、このような確認作業を行わないということは、日本人ビジネス関

係者同士の間でも話の内容を繰り返すだけでなく、誤解を生む原因になる。そして、外国人ビジネス関係者にとっては、インターアクションを一層複雑化し、「結論がでない」と思わせることにつながる。さらに、「会議のやり方に問題を感じる」といった「仕事の非効率」を感じさせるものであることがうかがえる。

3.3.2 研究課題2の結果と考察

研究課題2は、課題決定と人間関係維持の関係を探ることであった。K1にとってこの会議の課題は4つあり、①雑誌（PR誌）に使用する紙と②紙の量、そして③ページ数を決定し、④制作スケジュールを詰めることであった。以下に決定場面のインターアクションを示し、課題決定と人間関係の関係を見ることにする。特に、課題を遂行するK1に着目し、説明（プレゼンテーション）時とその後の役割を中心に分析する。

3.3.2.1 説明時のインターアクション

次に示す例8は、K1が進行役となり説明（プレゼンテーション）を行っている際のインターアクションである。

【例8 課題①】（雑誌に使用する紙の厚さの決定1）

01　K1　3番まではこのぐらい／そうすると、で、こっちは、えーと、135キロ―ちょっと厚い紙です。これは、まあ、コート系では一番厚い紙です。で、中はおんなじ。で、どっちがいいかって言うと、考え方なんですが―当然薄い方が安いです。で、なぜ安いかって言うと、まずこれは110（ひゃくとお）だとギリギリ輪転に入れられると。普通、僕らの考えだと90キロまでかな、と思ったら、110（ひゃくとお）までできますよって言うんで、だったらいいと、で、110（ひゃくとお）で、いっちゃうと。

02　TR　いいんじゃない。

03　K1　それでいい？値段も見てもらって、やっぱり、こっちのと比べ

たらね、20万ぐらい違うでしょ。で、今度は36ページの方が割安になってるよ。
04　TR　そうだ。
05　K1　うん、要するに、32ページ分が1枚で全部できるから、で、表紙別に刷るから、こっち表紙は、あと、平台でやると、いろいろまた問題もあるしー。
→06　TR　何？ともがみって。
07　K1　ともがみってのは前回出した見積もり。〈ああ〉表紙と全部同じ紙だったら、あの、こういうねだんー〈値段〉、になりますよって。だからこのあがり方見ると、36の方が今度は得になってる。
08　TR　うん。そうだね
09　K1　でねー、ちょっと見本があるんだけど、これがね、あのー、平台で外刷って、こっち輪転で刷ったんですって。そうすると、どうしても中が出てきちゃうの。

　K1の説明の最中に、友人でもあるTRが話に割り込んでいる (06)。これに対し、K1は質問に手短に答え、すぐさま説明に戻している。TRに対する説明を簡潔に進めトピックの派生を最小限に抑えた結果、T社の迅速な決定につながっている。この部分は「よろしいでしょうか」というような、TRに対する配慮や確認はされずに進んでいると言える。言い換えれば、人間関係維持を目的としているというよりは、ビジネスの部分であり、決定に向けてK1が進行役となり会議が進展していたと解釈できる。
　次の場面は実際の決定場面である。

【例9　課題①】（雑誌に使用する紙の厚さの決定2）
01　K1　これ高いんだって、この紙。あの、A〈雑誌名〉とかーあのL〈雑誌名〉とか、ああいう類の紙って裏写りもしなくて薄いっていうのは、かえって高いんですって。
02　TR　これでいいよね。

03　K1　110（ひゃくとお）で大丈夫でしょう、ま 106 の方が。
04　TD　いいんじゃないですか。よれないもんね。
→05　TR　うん。
06　K1　そうね、一応立つと思うんですよ。くにゃってしな/いんだよ
07　TR　/これ、随分違うのかね？やっぱりこの表紙にすると。この中の。

　これは、TR が「これでいいよね」(02) と 110〈ひゃくとお〉の紙を示したことに TD が同意し、「うん」(05) という言葉で紙の厚さが決定されている。

【例 10 課題②】（紙の量の決定）
01　TE　どうですか。
02　TD　こっちがいい。
03　TE　こっちがいい。
04　K1　っていうか、135 じゃなくても―。
→05　TD　そのぐらいあれば十分。あとコストとの話ですよ。
06　TE　これ、ずいぶん違ってー、

　これは T 社が雑誌に使用する紙の厚さと量を決定している場面である。特に決定を明示する表現は使われていないのが特徴といえる。しかし当事者はお互いに決定がなされたことを理解している。05 の「そのぐらいあれば十分」という言葉で決定されていると解釈できる。
　これらの場面では、決定が短時間（開始後 5 分）になされ速いテンポで進められている。K1 が議論を逸らさずに進行役に徹した点が影響したと考えられる。

【例 11 課題③】（本文のページ数の決定）
01　TD　1 番、2 番、3 番―、1 番と、これですよね。〈束見本を見ながら〉32 ページだてと、これは？

```
    02   K1    36ページと40ペー/ジ
    03   TE    /特に、だから効率がいいのは、これですよね。
    04   TD    うん。
→   05   K1    本文が32ページ。本文が32はいいっすよね。
    06   TD    今、だから台割はこれですかね。
    07   TE    ええ。
```

例11では、T社の決定をK1が確認のために繰り返している(05)。例9、例10、例11から明らかなことは、当事者同士では「決定」という明示的な表現はされていないことである。いわば、お互いを察し、暗黙の了解で日本人には決定が理解されていたと言えよう。高見澤(1994)ではビジネスの「日本的慣行」について説明する中で、「要求や主張を明確に表現せず、ファジーなやり取りのうちに何となく『暗黙の了解』を成立し、物事が進行していくことからそのような〈曖昧な〉印象を与えるようである」(高見澤1994: 31)と述べている。が、要求や主張のみならず、決定事項まで明確に表現しないというのもまた、「日本的慣行」のひとつであると解釈できる。

3.3.2.2　協働的発話

K1は説明を終えた後、引き続き課題を遂行していく。課題が決定に至るまで、次のような人間関係を維持するストラテジーが観察された。まず、広告の位置に関して話された時のインターアクションを示す。

【例12】(広告の位置について)
```
    01   K1    だから、最初だからそちらでここにしたいっていうのがまず出
                してもらって、(ええ)印刷的な台割的に、こういう風にやれ
                ば、あの、広告的には楽だっていうのが/あれば、あるみたい
                なんですよ。
→   02   TD    /ああなるほど、まあ、折って/ー
→   03   K1    /そう、折ってやるとき、
→   04   TD    そう、折ってちゃんといきますからね。ページ飛びますけど
```

　　　　　　ね。
→05　K1　そう、ページ飛ぶんだけど、そうすると、リスクが少ない。
→06　TE　そうですね。
　07　K1　で、その話もしようと思ったんですけどね、やっぱり基本的には、データで入れてくれっていうことにしたいんですけどー。

　これは、決定に向けてK1が戦略的にTDの協力を得てTEを理解、納得させようと試みている場面である。そのプロセスの中に、人間関係を維持するための、あるパターンを見出すことができると考える。K1は、K社の事情に明るいTDとの儀式的なインターアクションにおいて、限られた時間内でT社側に、より多くの情報を伝えようとしていた。
　例えば、上記の例12では、K1とTDの協働的発話（02から05まで）をTEに聞かせ、結果的にTEを納得させている（06）。K1とのフォローアップ・インタビューで、TDとの連携に関してK1は、事前に打ち合わせをしたわけではないが、意図的に行っていたと述べていた。社内の人間がK社に賛同しているという事実は、K1が説得に当たるよりも角が立たず、円満に話が進むと考えられる。決定に向けてインターアクションを進めながら、人間関係にも配慮していることが示された。
　このK1とTDの連携プレーと呼べる行為はK1とTEの意見対立の時にも観察された。次に示す例13は、制作スケジュールを決定する場面であった。

【例13 課題④】（制作スケジュールについて　1）
　01　K1　20日にデリバリするには、その前の週の金曜日ぐらいっていう風に、TRさんおっしゃったんで、そうすると、うーんと、まだちょっとこの条件によりますけど、大体5月の25日、20日から25日に欲しい。
　02　TE　あー、そうですか。
　03　K1　全部のデータ。
→04　TE　いやあ、そうか、ちょっと、辛いです。

	05	K1	25日がデッドだって。
	06	TE	25日がデッドー。
	07	TD	うーん、
	08	K1	まあ、
→	09	TD	なに、〈笑い〉えっ、何かついてる？おれ、
	10	TE	25がデッドね。
→	11	K1	TDさんが土日やれば1日2日あとでも平気だよって。
→	12	TD	あー。
→	13	K1	リミット。〈笑い〉
→	14	TD	誰か、土日出た？
→			〈一同笑い〉
→	15	K1	Bさんが出たらしいですよ。Iさん送ってったって、いなかまで。〈笑い〉
→	16	TD	あ、そう言ってた。
→	17	K1	あ、そう。
→			〈笑い〉
			〈沈黙〉

　K1が入稿の締切日を25日に設定しようとした際、TEは「ちょっと辛いです」(04)と述べている。にもかかわらずK1は25日で推し進めようとするが、TEは納得しない。徐々に雰囲気が悪くなるのを感じたと思われるK1は、救いの手を求めるかのようにTDの顔を見ていた。それを受けてTDは「何かついてる？」と冗談を言っている(09)。そしてそこから始まるK1とTDの「連携プレー」(11から17まで)は、対立したその場の雰囲気を和ませたと考えられる。
　さらに、この連携プレーは別の場面でも見られた。トピックが循環し、制作スケジュールを再度話している場面(例14)である。

【例14 課題④】（制作スケジュールについて　2)

| 01 | K1 | バラバラきて、どうのこうのじゃ、やっぱこれ、本文（ほんも |

ん）と広告とやっぱ考え方変えて考えた方がいい /です。
→02　TD　　/ 考えた方が絶対いいですよ。
→03　K1　　ですよね。そうだよね。
→04　TD　　これ足並みを揃えるのはここで揃えなければ駄目だってー。
→05　K1　　最後のね、印刷、広告は一緒に刷るってことですよね。
→06　TD　　ああ、編集の方はうちが直接タッチできるから。
→07　K1　　それは、何とでもある程度いけますからね。広告はアイデアあっての物だから。
　08　TE　　え、いや、でも両方ファジーだから、どっちも一緒ですよ。逆に言うと、物によっちゃ広告の方がある程度簡単にあがるっていう、いや、編集の方が場合によっちゃー、ぎりぎりになっちゃう可能性がある、
　09　TD　　ていうか、戻しの部分とか、チェックの部分とか。
→10　TE　　チェックの方は確かにね、ああ、ああ。

　これは制作スケジュールについて、広告と本文をそれぞれ別の日に設定しようとK1が働きかけている場面である。K1のこの意見にTDが賛同する（02）が、TEは難色を示す。そのため、TEは全ての制作スケジュールを別々に立てるのではなく、部分的に別に設定することが可能であることを告げ（09）、K1の意見を支持する。その結果、TEは納得する。相手企業の者（K1）が説得に当たるよりは、同じ会社の者（TD）が直接働きかけるほうがその場の人間関係が保たれる。そのため、この協働的発話による連携プレーが行われたと解釈でき、会社間の人間関係を維持したまま合意にこぎつけたと言える。
　上記の例12、例13、例14で述べてきたインターアクション上の両社の関係は以下のような傾向が見られた。先に示した会社関係図（図3.1）と、実際のインターアクションではその関係が異なっていると言える。

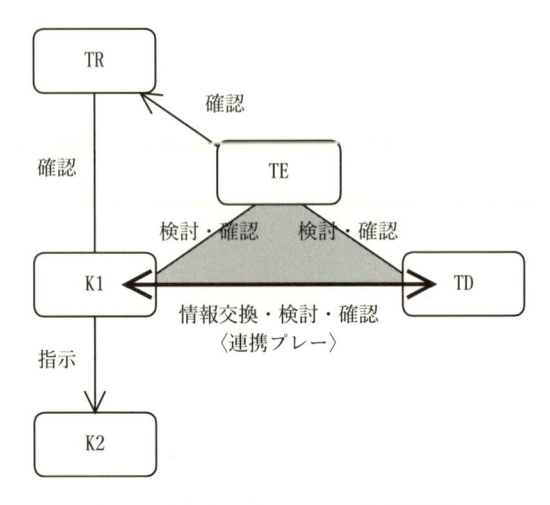

図3.5　インターアクションにおける関係

　一見、インターアクション上、人間関係が維持され決定が促進されたと考えられる。しかし、実は K1 と TD の間で話された内容について誤解が生じていたと解釈できる部分が観察された。つまり、人間関係に配慮した K1 と TD の連携プレーに問題がないわけではなかった。以下の【例15】に示す。

【例15　課題④】（制作スケジュールについて 3）
　01　TD　入稿スケジュールも広告に関しては別スケジュールで、どのぐらいのあれでやれるのとか、確認しないとスケジュール、だから本文とまとめては、なしよって。
→02　K1　っていうか、それはそちらからこういう風にしたいって、あ、そんなことないか。
　03　TD　そんなことない。そっちから、この日までにまず一発目くださいっていう話を、うちの方からお客さんに対して出さないと、広告はそうですからね。で、ずれたら、ここまでは、だか/ら
　04　K1　/要するに、広告は色校が2回ぐらいあるよっていう考え方。

　K1 と TD のインターアクションは、お互いの共通理解、共通認識の下で

進められたと思われた。しかしながら、制作スケジュールを巡って、K社が具体的なスケジュールをT社に言い渡すのか、T社からまず、スケジュールについて要求がでるのかについて意見が一致していないことが、この場面で示された。開始後26分のことであり、その前にこのトピックが話されたのは開始後13分であった。つまり、13分も経過した時点で誤解が生じているのがわかったことになる。

K1とTDはなぜ異なる解釈をしたのだろうか。これは、制作スケジュールのトピックが循環するものの、お互いの解釈が確認されないままインターアクションが進められた結果だと言えよう。トピックが再生されるまでの13分の間に他のさまざまなトピックが挟まれたことから、誤解が生じたとも考えられる。つまり、再生されるまでの間に異なる解釈や思い違いをする可能性が高いと推測できる。また、会議中に話を要約したり決定事項を思い出させるという確認作業が欠如していたからだとも考える。また、談話の展開と理解に役立つと言われているメタ言語[10]、例えば、「〜が決まりましたが」といった言いまわしも使用されていなかった。「制作スケジュールのほうは、そちらから提出されるということでしたが」といった確認があれば誤解は生じなかったと推測できる。

確認作業の欠如はこの制作スケジュールに関してだけではない。他のトピックでも挿入が可能だった。例えば、「入稿はデータ入力で行うことが先程決まりましたが」、「フィルムは受け付けないことになりましたので」、「先程のお話のとおり、印刷業者にフォントやソフト名を明記する指示書を作らせるよう致しますが」といったメタ言語行動やメタコミュニケーションの使用が可能だったということである。このような表現の使用によって、会議の参加者は、既に話し合われたことについて思い出すことができ、個々の曖昧な記憶に頼ったり決定事項を自分に都合のいい様に解釈することがなくなるであろう。そして、その結果、時間的にも効率的になると考えられる。しかし、このような確認作業はなされなかった。

以上のことから、研究課題2では、人間関係に配慮しながら課題決定を行うプロセスが観察され、人間関係維持と課題決定が双方ともに重要なものとして捉えられていると解釈できた。

総括すると、外国人ビジネス関係者に非効率を感じさせる特徴は、トピック循環、トピック展開時の表示の欠如、衝突を回避するトピック変換であったと考える。さらに、人間関係に配慮しながら課題決定を行うこと、例えば、意見対立時にそれ以上の議論をすることなく、第3者（相手企業）との協働的発話で対立した雰囲気を和ませようとしたことが挙げられる。これは対立が回避されたので、人間関係維持には効果的であったが、議論が中断されたので非効率を感じさせる特徴であると考えられる。また、話されたことについて確認作業を行わないことも、外国人ビジネス関係者にとっては曖昧さが残るため、非効率を感じさせる特徴であると解釈できた。

上記の特徴は、日本人ビジネス関係者同士の間では共有され、当たり前と思われており、合意のもとに営まれることも多く、いわゆる「日本的慣行」と言える可能性が高い。しかし、暗黙の了解のように実現されている日本人ビジネス関係者のフレームは、異文化間の対話の際には留意する必要がある。それは、日本語能力の高い外国人ビジネス関係者でさえも、このような日本人ビジネス関係者のコミュニケーション・スタイルを完全に理解し受け入れるのは難しいからである。「論理的な説得による交渉戦術が重視される」(高見澤 1994: 33) 欧米型のビジネス・コミュニケーションとの相違も加味すると、外国人ビジネス関係者が日本人の会議の特徴が異なっていることを理解した上で会議に参加し、十分に討論するというのは容易でないことは明らかである。

3.4 まとめ

外国人ビジネス関係者の抱えている問題点のひとつに、「仕事の非効率」があり、特にそれは会議において感じられているということが、【研究1】の量的研究で明らかになった。そこで、【研究2】では、どのような特徴が外国人ビジネス関係者に非効率と感じさせているかを掘り下げることにした。実際の母語場面の会議を詳細に見るために質的研究を行った。設定された研究課題は次の2点であった。

研究課題1: トピックはどのように展開されるか。
研究課題2: 課題決定と人間関係維持とはどのような関係になっているのか。

　分析の結果、研究課題1に関して、トピックは循環していることが明らかになった。30分の会議でトピックの総数は73であった。そのうち、新出型トピックは33、派生型トピックは25、そして、再生型は15であった。つまり、新しいトピックのうち、約半分が会議で再度話されることを意味しており、新出率が低く派生率と再生率が高いことが示された。また、再生の際に話された内容が忘れられトピックが循環している場合は、実際に時間を要することから、「必要以上に時間がかかる」「なかなか結論がでない」といった非効率性を生むものであると言える。

　トピック変換の際の表現を分析したところ、「で」「でも」という談話標識、相手へ働きかける言葉の使用、メタ言語の使用といったなんらかの言語的シグナル（表示）が観察された場合と、沈黙という非言語行動や突然新しい導入がされている場合があった。日本人ビジネス関係者同士の会議ではこれらがほぼ無意識に近い形で営まれていたと考える。しかしながら、文化ごとにインターアクションへの期待が異なっていること（Yamada 1992）、またフレームが異なっていることから（Watanabe 1993、陳1998）、シグナルがあっても、それが必ずしも明示的ではないために、外国人ビジネス関係者が戸惑うことが示唆された。例えば、「で」「でも」という非常に短い発話がトピック変換の談話標識であることが認識できずに見落とされる可能性もある。つまり、直線的にトピックが進む（Yamada 1992）という外国人の期待は裏切られ、トピックが循環することに疑問を持つだけでなく、気がつくといつのまにかトピックが変わっており、話の流れについていけずに理解困難に陥ることが示唆された。

　トピック変換は単に話題を変えるだけでなく、意見の対立を避けるという意味で人間関係を維持する効果が見られた。これはYamada（1992、1997）の結果を支持するものであった。議論を好むと言われる外国人ビジネス関係者にとっては、意見の対立と人間関係維持を別の次元で捉えているため、「な

かなか結論がでない」等の理由から、非効率であると解釈される可能性が高いことが示唆された。

　研究課題2に関しては、先行研究で、日本人の会議では人間関係維持が目的であると論じられていた。しかし、【研究2】の会社間会議では、課題決定と人間関係維持の双方ともに重要なものとして捉えられていたと解釈できた。例えば、会社間同士（K1とTD）の協働的行為である連携プレーでTEを説得するなど、人間関係に配慮しながら、課題決定を行うプロセスが見られた。ただし、意見の対立時に第3者を巻きこむことは議論が中断されることになるので、外国人ビジネス関係者には非効率であると感じさせることが示唆された。

　Yamada(1992、1997)ではトピック循環が参加者内の衝突の回避を可能にしていることが見出されたものの、トピックが循環する理由については言及されていなかった。【研究2】では、参加者同士の確認作業が欠如するために、決定事項や話された内容が忘れられ、結果、トピックが繰り返される、いわゆるトピック循環が起こっているという理由のひとつが見出された。言い換えれば、確認作業を行わないことが相手の面子を保ち、角が立たないことから、人間関係維持のストラテジーのひとつであると言えるものの、他方、確認作業を行わないためにトピックが循環してしまうという事実も明らかになった。

　以上のことから、【研究2】では、外国人ビジネス関係者が「仕事の非効率」に問題を感じているという【研究1】の結果を踏まえ、実際に日本人ビジネス関係者同士の会議を分析し、非効率とされていることの実態を探った。分析の結果、①トピックの再生率が高くトピックが循環していること、②トピック循環が議論を長引かせる要因となっていること、さらに、③トピック変換の際に明示的表現をほとんど伴わずトピック間の関係が曖昧にされていること、④トピック変換により衝突を回避すること、⑤相手会社の特定の人との連携による協働的発話により、異なる意見を持つ者と直接の議論がされないこと、⑥確認作業を行わないことが示された。

　ここまで日本語の会議を分析してきたが、今後の会議のあり方を再考する際に、次の4つの可能性を提示したい。第1は、外国人が日本人のやり方を

適用する、第2は、日本人が外国人のやり方を適用する、第3は、双方が英語圏が中心となって作られた、いわゆるグローバルスタンダードを適用する、第4は、双方で新しい会議を創造する、の4点である。

　このうちのひとつを選択する際には、さまざまな条件に左右されることは言うまでもない。例えば、会議を国内で行うか海外で行うか、企業が日本企業か外資系企業か、多国籍企業かということが影響する。その企業の目標や目指す方向性によってもどれを選択するかは当然、異なる。しかし、少なくとも、国内外の企業に勤務する外国人が、日本語の会議が非効率であると感じている実態をどう解釈するのか。現実問題として、双方が歩み寄る姿勢が必要なのではないだろうか。

　では、歩み寄るとはどういうことか。まず、会議における効率性を重視する場合、日本人側に求められることは多い。例えば、日本人ビジネス関係者には議論をすることに積極的でない傾向がある。これを解決するには、トピックを変えることなしに、継続して議論を行う必要性を理解させることが重要である。意見の対立は人間関係に影響を与えるものではないという認識も求められる。相手と異なる意見を避けるのではなく、異なった意見を尊重する姿勢が大事である。会議で結論を出していくことが外国人ビジネス関係者には最優先課題なのである。今のままでは外国人ビジネス関係者に、決定に向けての努力が足りないと思わせてしまう。さらに、それは彼らのモチベーションの低下につながる。外国人ビジネス関係者が感じている非効率の要因を日本人ビジネス関係者同士、まず話し合うことで新しいビジネス・コミュニケーションを構築することができる。

　他方、外国人ビジネス関係者には、実際の日本語の会議の実態をリソースとして提示することも一案である。日本人ビジネス関係者がこれまで行ってきた会議の特徴を説明すると共に、それが慣習化され、日本人の間では当然のように捉えられ、機能してきた面があることも説明したほうがいい。

　さらに、日本人ビジネス関係者と外国人ビジネス関係者が集う場を作り、双方が参加する会議のシミュレーションを行い、その後で日本語の論理の運び方や会議のあり方、フレームの違いについて話し合う場も必要である。ちなみにこれは、社内研修で容易に取り入れられることである。要するに、日

本人ビジネス関係者と外国人ビジネス関係者の協働の場で新たなコミュニケーションのあり方が創造されてこそ両者の関係は有用なものとなっていく。創造的なビジネスを生み出すには、まず、これまでのやり方を踏襲せずに会議を創造するところから始める必要がある。

　Batesonは、自分自身についてのメッセージが正しく伝えられない事例を挙げ、人間間のコミュニケーションでは「メッセージの受け取り方についてのメッセージを無意識のうちに歪曲しているという奇妙なケースがある」(Bateson 1990: 291)と述べている。人間間でのコミュニケーションの中でも、母語の異なる外国人との接触場面のコミュニケーションの場合は、母語話者同士のコミュニケーションより一層複雑であると考える。そこで、次の章では、母語場面から接触場面に場面を移し、普段、外国人ビジネス関係者と接しない日本人ビジネス関係者が、実際に外国人と商談を行うことになった場合、メッセージをどのように受け止めるのかを探ることにする。

注
1　【研究1】の因子分析の結果、「仕事の非効率」(第二因子)において「必要以上に時間のかかる会議に問題を感じる」、「結論のでない会議、または会議のやり方に問題を感じる」、「会議の数の多さに問題を感じる」という質問項目が因子負荷量の上位であった。
2　Yamada (1997)によると、開始部は、"All right fist deal today is ...." "The other deal is..."といった表現で始まり、話の終結部では、"That's all I have." "That's it."といった一定の表現が使用され、話を持ち出した者が終わりを告げているという（下線は筆者による)。
3　人間関係を維持するためにさまざまなストラテジーをとっており、例えば、①「ぜんぜん話が違うんだけど」といった、話を逸らすという機能を持つ「メタコミュニケーション・リマーク」(Maynard 1989)の使用もそのひとつであるとされている。これは、次のトピックに移行する際に使われるだけでなく、参加者同士の衝突を避けるの

に効果的であることを示している。また、②トピック移行の際には長い沈黙が用いられること、③終結する際は徐々に終わる(phase-out)いう特徴も挙げられている。さらに、④「例えば」「みたいな」などの例示を使用して明示的な言及を避けていること、そして、この例示を使用して意図的に話を逸らすことは、「メタコミュニケーション・リマーク」同様に、論争を回避するという効果をもたらしていることなども示している。

4　3つのテーマについてそれぞれの母語で討論をさせ、フレーム(枠組み)に見られる日本と台湾の文化的差異を比較対照し、台湾のトピック展開は「連想ゲーム式」であると述べている。

5　村上・熊取谷(1995)では、線状的な視点をもつ研究として Sacks, Schegloff & Jefferson (1974)、メイナード (1993)、Yamada (1992) 等を挙げている。これらは会話分析の流れを汲んだ研究で、話題が継続されるか、割り込まれるかといった話題交換システムを基本としている。階層構造の視点をもつ研究には、Hinds (1982) 等が挙げられ、一般に複数の関連するトピックがより大きなトピックとしてまとまりを形成するものとして捉えられている。

6　課題決定とは、決定が必要な案件について、実際に決定がなされることを指す。本研究ではその決定までのプロセスを分析する。

7　TD は T 社のデザイナー D、TE は T 社のエディター E、TR は T 社の責任者 R という意味で頭文字を取っている。

8　作業の時期、紙の厚さとコストの関係、雑誌の扱われ方と傷み方、葉書の位置などといったトピックがこの間に話し合われた。

9　村上・熊取谷(1995)では、トピックが変わることを示す言語的・非言語的な行動を結束性表示行動と捉えている。

10　西條(1999)では、メタ言語の有用性がさまざまな観点から確認されている。その対象はビジネス関係者ではないが、母語話者の討論場面でもメタ言語が使用されており、メタ言語の使用は談話の展開と理解に役立つことが明らかにされている。しかし、本研究で扱った日本人ビジネス関係者はメタ言語の非用が目立ち、それが会議の展開に影響を与えていると考える。

資料

01	K1	こんにちは。
02	TR	15、17分遅刻だよ。
03	K1	17分遅刻だって。〈笑い〉駄目だよ、すぐ出ようって言ったじゃない。〈笑い〉
04	K2	何言ってんのー。ええっ？〈笑い〉
05	K1	ええっ？どこがー。〈笑い〉 いろいろあったんですよ。いろいろありましてすいませんでした。じゃ、その、部屋は、どうしーM編集室でやりましょう。室長〈笑い〉、室長だもんね。〈移動〉
06	K1	うっす。それがー見本です。束見本。〈紙類をめくる音〉それ1部だけじゃないです。いろいろちょっと説明なんかもー。
07	TR	これなんかー。
08	K1	ちゃんと説明きいてからー。ええと、6種類、持って来ました。それで、見積りには書いたんですが、表紙を106キロ、これしろくベースで110（ひゃくとお）です。
09	TD	はい。
10	K1	110（ひゃくとお）ベースにして、中はスリーコート53キロにした場合、がこれですね、1番と、2番、3番まで。
11	TD	ページ数が違うんですね。
12	K1	これはページ数が違うだけです。
13	TD	3番ま/で、
14	K1	/だからこれは束を見てもらおうと思って、持って来たんだけど、
15	TD	あーあ、/ページ数、
16	K1	3番まではこのぐらい/そうすると、で、こっちは、えーと、135キローちょっと厚い紙です。これは、まあ、コート系では一番厚い紙です。で、中はおんなじ。で、どっちがいいかって言うと、考え方なんですが一当然薄い方が安いです。で、なぜ安いかって言うと、まずこれは110（ひゃくとお）だとギリギリ輪転に入れられると。普通、僕らの考えだと90キロまでかな、と思ったら、110（ひゃくとお）までできますよって言うんで、だったらいいと、で、110（ひゃくとお）で、いっちゃうと。
17	TR	いいんじゃない。
18	K1	それでいい？値段も見てもらって、やっぱり、こっちのと比べたらね、20万ぐらい違うでしょ。で、今度は36ページの方が割安になってるよ。
19	TR	そうだ。
20	K1	うん、要するに、32ページ分が1枚で全部できるから、で、表紙別に刷るから、こっち表紙は、あと、平台でやると、いろいろまた問題もあるしー。
21	TR	何？ともがみって。
22	K1	ともがみってのは前回出した見積もり。（ああ）表紙と全部同じ紙だったら、あの、こういうねだんー、になりますよって。だからこのあがり方見ると、36の方が今度は得になってる。
23	TR	うん。そうだね。
24	K1	でねー、ちょっと見本があるんだけど、これがね、あのー、平台で外（表紙）刷って、こっち輪転で刷ったんですって。そうすると、どうしても中が出てきちゃうの。
25	TD	なるほど。
26	K1	なんか、こっちは火を通して、こっちは火を通さない、とか何とか言われて、これ伸びちゃった。で、いくら切っても伸びてくんだって〈笑い〉、だから、微妙に出る。でも、これは一緒に輪転かな？/あ、違

第3章　日本語母語場面のビジネス・インターアクション研究　119

27	TD	/それは同じだし、50 の方。	53	TD	だと思う。〈TE が参加〉
28	K1	あ。これかな？うん。	54	TE	あ、どうも。
29	TD	それでしょ。	55	K1	あ、ちは。束見本。これ、表だけが別紙（べつがみ）で、別紙を、えーと、110（ひゃくとお）ベースで、これ、100、106 キロ、あと 135 キロと 2 種類。
30	K1	これは、ぴったり。ちゃんと揃う。
31	TR	110 はこれ。
32	K1	でも、
33	TR	106？	56	TE	どうですか。
34	K1	うん、背は折れるって。	57	TD	こっちがいい。
35	TD	まあ、しょうがないですよね。	58	TE	こっちがいい。
36	K1	これはねー、110（ひゃくとお）だったら、やっぱ折れちゃう。もっと薄いと大丈夫なんですけど、だから、	59	K1	っていうか、135 じゃなくてもー。
			60	TD	そのぐらいあれば十分。あとコストとの話ですよ。
37	TR	110 より上って、これか。	61	TE	これ、ずいぶん違ってー、
38	K1	こういうのだとわかりやすいんですけど、ここ、白だとわかりにくいけど、っていうことですけど。	62	K1	それ、ページ数でしょう。あ、/すみません。
			63	TE	/あ、そうか。そうかページ数/が
39	TR	これ中この紙？	64	TD	/1 番、2 番、3 番ー、1 番と、これですよね。32 ページだてと、これは？
40	K1	うん。
41	TR	こんなに厚いの。
42	K1	うん、この予算で。それ以上今度薄くなると、今度高くなるらしい、紙が。これ高いんだって、この紙。あの、A〈雑誌名〉とか、あの、L〈雑誌名〉とか、ああいう類の紙って裏映りもしなくて薄いっていうのは、かえって高いんですって。	65	K1	36 ページと 40 ペー/ジ、
			66	TE	/特に、だから効率がいいのは、これですよね。
			67	TD	うん。
			68	K1	本文が 32 ページ。本文が 32 はいいっすよね。
			69	TD	今、だから、台割はこれですかね。
43	TR	これでいいよね。	70	TE	ええ。
44	K1	110（ひゃくとお）で大丈夫でしょう、ま、106 のほうが。	71	K1	それで、広告のページって決められるんですか？もう、こことこことここ。
45	TD	いいんじゃないですか。よれないもんね。
46	TR	うん。	72	TE	いや、まだちょっと調整中なんですよ、結構ファジーでー。だから何ページになるかわからないしー。
47	K1	そうね、一応立つと思うんですよ。くにゃってしな/いんだよ。
48	TR	/これ、随分違うのかね？やっぱりこの表紙にすると、この中の。	73	K1	あ、そうですよね。
			74	TE	あと、葉書の問題があるんで、（うんうん）葉書の位置だけは決めちゃうんで。
49	K1	え？
50	TR	この中のだけだと。
51	K1	中の何？	75	K1	広告の位置もね、決めればね、この前、TR さん言ってた、あのフィルムで来たりとか、何とかの問題を、もう最初っから、それはそれで対応
52	TR	これだけだと、これと全然違うかな？やっぱ違うね？

		するっていう考え方をしとけば、(んー、)だから、3、4、5、6ページと 40、41、42、あ、20、21、22 と、なんかうまく一緒に刷れちゃうような、できないかとか、(はあ)だから、最初だからそちらでここにしたいっていうのがまず出してもらって、(ええ)印刷的な台割的に、こういう風にやれば、あの、広告的には楽だっていうのが／あれば、あるみたいなんですよ。
76	TD	／ああなるほど、まあ、折って／ー
77	K1	／そう、折ってやるとき、
78	TD	そう、折ってちゃんといきますからね。ページ飛びますけどね。
79	K1	そう、ページ飛ぶんだけど、そうすると、リスクが少ない。
80	TE	そうですね。
81	K1	で、その話もしようと思ったんですけどね、やっぱり基本的には、データで入れてくれっていうことにしたいんですけどー。
82	TD	でも、こっちも面倒くさいからそれがいいんですけど〈笑い〉。
83	K1	でも、くるでしょ？
84	TD	多分ね。
85	K1	版下できたり。で、版下ならまだいいんですって。フィルムでこられた時には、もう。
86	TD	フィルムは来ないでしょ。フィルムはノーにしますよ。
87	K1	ノーにしてもらえますよね。で、リサイズも A4 から B5 の、フィルムでなんていったら、絶対駄目だっていうんです、／根詰まり起こしちゃうんで。
88	TD	／それは、ノーにします。だからデータないし版下でのリサイズはお願いするかもしれません。
89	K1	あ、そうですね、それは大丈夫。だったら問題ないです。なにか、そういうあれを書けっていうんだったら、その、うちの方で条件みたいなのを書いて持ってくればいいでしょうかね。
90	TD	条件っていうか、使用フォントの部分、ポストスクリプト全部使えるかどうか、とか、(そうですね)CID は駄目だとかってあると思うんですよ。
91	K1	はいはい。
92	TD	CID も、オーケーですよ、とか、その辺が一番怖いんで、アプリケーションも、だからコウフの 4.0 を使っていたりとか、イラストレーターの 8.0 を使っていたりとかするんで、その部分を、あの、対応できるのか、とかっていう形で。
93	K1	それは、現場の人間、連れて来た方が早いかもしれないですね。
94	TD	だから、逆に言うと、そちらで指示書を作ってもらっていいですよ。
95	K1	ああ、なるほどね。こういう条件で入れてくれとかー。
96	TE	ああ、そうか、そうか、それがあるとありがたいですね。
97	K1	1 回そちらにお見せして、ま、そちらのあれもあるだろうから、ま、ここはこうなんないかとか、じゃ、こうしましょって話をつめればいい。
98	TE	そうですね。
99	K1	1 回は会ってそういうお話を(ええ)させてもらいますけど、その前にじゃあ、うちの方から、取りあえず、条件っていうか、こうしたいとか、ああしたいって出してもらって、あ、これで、何となくー。
100	TE	あ、これはね、そうなんです。まだ決定的でなく、かなりファジーなんですね。これでいければなっていう感じです。
101	K1	あれ、
102	TE	あ、どこをご希望です？
103	K1	あ、別にいいんですけど、もっと前

104	TD	K社表3ですか。表回り全部買ってくれるんじゃなかったんですか？〈笑い〉
		〈一同笑い〉
105	K1	〈笑い〉これだよ。どうします。一応彼女がーしきってますで。〈笑い〉
		〈沈黙〉
106	K1	そうですよね。
107	TE	それで、あと葉書の入れる位置の問題っていうのは、特にはー。
108	K1	あれ？あれは折りの途中だった/から一。
109	TD	/折りの途中だったから、どこでも構わない。
110	TE	どこでも構わない。
111	K1	どこでも構わないと思いますよ。
112	TD	センター以外だったら大丈夫。
113	K1	あと、変な所にあったら破くってことできないですかね。やっぱ折りと折りを重ねんのかなあ、重ねるんじゃ/ないー。
114	TD	/でもね、16、16、16単位で折っていって、その間にかましていくから、（うん）その、だから、あのー、ここの間っていうのは、やっぱあると思う。
115	TE	逆にそれは印刷の都合聞いちゃった方がー。
116	K1	でも、これ全紙で、一発で全部折るんかー。
117	TD	多分、16で32でしょ？8、8、に分けちゃうとかー、（ああ）するかもしれない。そうすると、16、16の間で入るっていう感じです。
118	K1	あー、この間で。あー、できるのかな？
119	TE	その間ー、ちょっとわからないですね。それだけじゃ確/認してー。
120	K1	/確認しましょうか、葉書の位置
		ね。
121	TD	安くするんだったら、16、1台でボーンといっちゃうでしょ。
122	K1	本体にー中綴じしか書いてない。〈沈黙〉
123	TD	巻き紙ですからね、何とでもなると思うんですがね。
124	K1	ええ、多分ね。
125	TE	で、御確認いだいて、これのほうがいいっていうのがあれば、それに合わせて変えていきますんで。
126	K1	そうですね、はい。で、これは、今、一応何ページなんですか？
127	TE	これはねー、さっき、
128	K1	30ー。
129	TE	これです。本文32です。表紙がプラス、
130	K1	じゃあ、36ページ。じゃあ、ちょうどいいですね。
131	TE	そうなんですね。
132	K1	これのほうがいいですけどー。
133	TE	これでいくかどうかは、ちょっと、まだ確定じゃないんすー。
134	K1	減った時にどうすんです/か。
135	TE	/そうなんですよね。さっき、いずれにしても4ページ単位でー。
136	K1	W出さないかって、ちょっと、言っといたんですけどー、ずっと一緒だったんですよ、W。
137	TE	そうなんですか。
138	K1	しまった、連れてくればよかった。
139	TD	そうそう、友達なんですから、僕
140	K1	ああ、そう言ってたよね。なんて言ってた？
141	TD	どうせって言ってましたよ。〈笑い〉
142	K1	TDさんはー。
143	TD	仲いいですからー。
144	K1	何？Wも言ってた。ここにおまえの広告出せよって。
		〈一同笑い〉
145	K1	女性ばっかりなんだからよ。

146	TD	〈笑い〉穴埋めるんだったら、僕んか作ります。
147	K1	自分の/?
148	TD	/自分の。
149	K1	〈笑い〉
150	TD	自分の小説とか、いいですよね、それ、連載とか、ああいうとこにだけ。ロハで。
		〈一同笑い〉
151	TD	そんなこと―。
152	TD	ちょっと無料でメールマガジンなんか出しているんですよ。
153	K1	え、そんなのやってたの?
154	TD	Hって(メールマガジン名)Z(会社名)がやってるやつ。
155	K1	へー、投稿するの?え、言われたのやってるの?
156	TD	自分で発行してるんです。
157	K1	あ、自分で発行してんの?
158	K1	本当?
159	TD	情報系じゃないから、読み物系だから広告入らないんですよ。情報系は広告入るでしょうから。
160	K1	あー。
161	TD	女の名前がつかないと、反応がないっすね。
		〈一同笑い〉
162	K1	なるほどね、一見女性みたいな、だから、男だか女だかわからないような名前にしとけば?
163	TD	ねー、一番いいんですけど、正直だから。
		〈笑い〉
		〈沈黙〉
164	K1	そうか、じゃあ、あとデータ、の広告データの入れ方の、あれを、こっちで一応やってー。フォント全部やればいいですね。ですね。あと、サイズ言わなきゃいけない。あの、カタログ3のサイズを教えろって言われてたんだ、TRさんに。
165	TD	ああ、はいはい。
166	K1	ここに書いちゃおう、いいですか?
167	TE	ああ、じゃ、メモします。
168	K1	〈K2に〉ちょっと読み上げてあげて。
169	K2	はい、高さが440。
170	TE	440?
171	K2	はい。
172	TD	はい。
173	K2	で、左右の幅が230。
174	TD	はい。
175	K2	奥行きが210。
176	TD	210、それって外づらのサイズなんですか。210。えー、あの、縦は、こういう一番カタログが上にくる、こういう風のが付いてます。
177	TE	なるほど、はい、わかりました。
178	K1	で、もう一度やっぱりこの前の10センチにするっていうんで、1回作ります、最終形。
179	TE	はいはい。
180	K1	で、これでやりますよっていうのをお見せしますから。
181	TE	はい、わかりました。それっていつぐらいになりますか?
182	K1	うーんまだちょっと返事はー、打ち合わせしたばっかなんで、あの、もうちょっと待ってくださいと、そんなにはかかんないと思いますよ。一週間ぐらいだと思うんですけどー。
183	TE	あー、そうですか。はい、わかりました。
184	K1	それと、これの、えーと、16か15に、えーと、納品しろっていう話なんですね、これ、6月の。
185	TE	あー、はい。
186	K1	20日にデリバリするには、その前の週の金曜日ぐらいっていう風に、TRさんおっしゃったんで、そうすると、うーんと、まだちょっとこの条件によりますけど、大体5月の25日、20日から25日に欲しい。
187	TE	あー、そうですか。

188	K1	全部のデータ。
189	TE	いや、そうか、ちょっと、辛いです。
190	K1	25日がデッドだって。
191	TE	25日がデッドー。
192	TD	うーん、
193	K1	まあ、
194	TD	なに、〈笑い〉えっ、何かついてる？おれ、
195	TE	25がデッドね。
196	K1	TDさんが土日やれば1日2日あとでも平気だよって。
197	TD	あー。
198	K1	リミット。〈笑い〉
199	TD	誰か、土日出た？〈一同笑い〉
200	K1	Bさんが出たらしいですよ。Iさん送ってったって、いなかまで。〈笑い〉
201	TD	あ、そう言ってた。
202	K1	あ、そう。〈笑い〉〈沈黙〉
203	TE	で、こぼれちゃうと辛いー。
204	K1	多分、
205	TE	色校1回。これやっぱ一斉にじゃないと駄目なんですかね？
206	K1	ん？うーんとね、いや、でも折りひとつですからね。〈紙をめくる音〉これはね、15だ、あれ？なにこれ15だ、なんだ、あるじゃ/ん。
207	TD	/あー。
208	K1	今日一生懸命さがしたんですよ。これだ、なんだ。あるじゃん。
209	TD	K1さんよくね、手元に置いて忘れてるんですよ。〈一同笑い〉
210	TD	つい最近、そういうことありましたよ。〈笑い〉
211	K1	ありました？それすら忘れてる。〈笑い〉〈一同笑い〉
212	K1	だから、単純に休むなってことであれば、（ああ）4日減るし、製本も、もう1日ぐらい減/る。
213	TD	/で、これ結局、やってもらっても、うち、うちの作業っていうか、そっち/の、
214	K1	/そうですね。
215	TD	作業が詰まるだけで、結局、戻しだなんだっ/て、
216	K1	/タイミングによりますよね。
217	TD	うん、意味が無いんですよね、動かしててもね。
218	K1	それやっぱりねー。
219	TD	製本は自分のところでやるんですかね？
220	K1	多分そうだと思いますけどね。
221	TD	そしたらこれ、休み返上してもらった方がいいでしょう。
222	K1	うん。その辺は、ま、ここだろうって言ってましたけどね、いじれるとしたらね。
223	TD	そうですよね、製本加工ぐらいしか、外に出すと、もう絶対無理ですよね。気が変わっちゃうし。
224	K1	これだけ見てるとーへたすると、
225	TE	どうなのかな、ずいぶ/ん。
226	K1	/なんか、輪転の機械、どっちにしろ、山形でやるんだろうから。蔵王の麓に工場があるらしいんだけどー、冬は大丈夫かな、そんなわけない。
227	TD	24時間動かしてるでしょう。
228	K1	あそうか〈笑い〉。そうだな。
229	TD	8時間交代で2/ー、
230	K1	/3交代。
231	TD	3交代、2交代でやって残業2時間、4時間ずつ、ね。
232	K1	ううん、なるほどね。
233	TE	色校が1日かかっちゃう。で、もらって、翌日戻して、
234	TD	翌日戻しって難しいですよね、広告に関して。

235	TE	中身の記事がずれちゃう。
236	K1	広告はだから、どう考えたってー。
237	TD	もっと、前にもらって、ここで足並みが揃うようにー。
238	K1	そうですよね、ここでもういろこうー〈色校〉と辛いですよね。〈沈黙〉
239	TE	中2日ぐらいですかね。
240	TD	中2日ったってうちの営業が仮にもらって、お客さんとこ持ってって、直しが1日かかるわけじゃないですか。最悪、で、次の日に返ってくるっていう話ですから―、で雑誌の戻しってったってその日に持ってけってたら、うちの営業、皆怒りますもん。僕だって怒りますよ。〈笑い〉
241	TD	2日3日は当たり前ですもん。
242	TE	そうだよね。
243	K1	うん。
244	TE	うちの営業だけじゃないですからね。
245	K1	そうですよね。
246	TE	呼んで届けるなりして、渡して、それからクライアントのとこ持ってって。
247	K1	本チャンが刷れる前に、もう、オーケーなってるようにしないと駄目かもしんないな。
248	TD	広告は、もう、そうしないと揃わないですよ。絶対遅れるんですから、直したりなんかして。
249	K1	今、同じようなことやってるんですけど、絶対、絶対、フィルムでもらってるから、あれは、もう向こうから、出しませんよってぐらいにしてるんですよ。これ、そういうわけいかないでしょ？
250	TD	うーん、データでもらったら、ほら、大丈夫ですよ。
251	K1	全部フィルムだったら、まだあれですけど。で、コストの問題もあるし、ばらついちゃってると、絶対1工程入るんでお金、かかるっていうんですから。例えば8ページ、8ページのうち7ページがデータだと、1ページフィルムだと全部8ページ分の値段がかかっちゃう、それ、もったいないなって思うんですけどね。
252	TE	やー、きつい。広告もひとつ、ふたつしかこないでしょうし、作業がね、やっぱ連休明けになっちゃうんですよ。
253	K1	当然そうでしょう／ね。
254	TE	／それから取材して製作所に、1週間しかないんですもん。
255	TE	1週間ちょっと。
256	K1	それ20日ってのは、もう、動かせないんですか？もう、言っちゃってるんですか？企画書で言っちゃってるんですか。
257	TE	うーん、いや、その辺は、だから、ちょっとー。だいたい資料にはー僕一応、そういうことにはしてるー。
258	K1	さすが。〈笑い〉〈一同笑い〉
259	K1	だから、もう、これをギリギリまでね19日？
260	TE	19日。
261	K1	19日の日にでも、デリバリ20日にギリギリにする？
262	TE	えー、
263	K1	でも、4日ですよ、そうですね。でも、広告の問題はー。
264	TE	イメージとしてはですね、この日までというよりは、ぎりぎりデッドこの辺にして、極力この週までにってー。
265	K1	最初、19日で出さしたら、31日だ、31日にもらえば何とかしますって。
266	TE	あー、そうなんですか。
267	K1	したら、19日にしたら、駄目だっていう人がいたんでー。

268	TE	あー、ちょっと話してみます。
269	K1	で、その31日って言われたのは、全部土日も返上でやります、みたいな、なんか乗りだったんですよ。
270	TD	あー、ま、それってまとめてもらえれば の／話じゃ。
271	K1	／だと思いますよ。バラバラきて、どうのこうのじゃ、やっぱこれ、本文（ほんもん）と広告とやっぱ考え方変えて考えた方がいい／です。
272	TD	／考えた方が絶対いいですよ。
273	K1	ですよね。そうだよね。
274	TD	これ足並みを揃えるのはここで揃えなければ駄目だって一。
275	K1	最後のね、印刷、広告は一緒に刷るってことですよね。
276	TD	ああ、編集の方はうちが直接タッチできるから。
277	K1	それは、何とでもある程度いけますからね。広告はアイデアあっての物だから。
278	TE	え、いや、でも両方ファジーだから、どっちも一緒ですよ。逆に言うと、物によっちゃ広告の方がある程度簡単にあがるっていう、いや、編集の方が場合によっちゃー、ぎりぎりになっちゃう可能性がある、
279	TD	ていうか、戻しの部分とか、チェックの部分とか。
280	TE	チェックの方は確かにね、ああ、ああ。
281	TD	全部うちの方っていうか、内側の話じゃないですか。
282	K1	いつまでにってね。
283	TD	タイアップなら話は別ですけど、記事としては、そしたら戻しをね、ここであーだ、こーだって、これがデッドだから、
284	K1	理解はしやすいですね。
285	TD	これで何とかしろって、話できるじゃないですか。
286	K1	クライアントはそうはいかないもん
287	TD	見て駄目なら、駄目なんですから。〈一同笑い〉
288	TD	そういうことですよね。
289	TE	ほら、名前のある人のエッセーとかですと、けっこうやっぱクライアントなんか、時間がかかっちゃうんですよね。
290	TD	そういうのはもう早めに動いてもらわない。
291	K1	そうすよね。
292	TD	後は発売日っていうか、配布日ずらしてもらうしかないですね。
293	TD	あんまりずらしちゃうと、広告のクライアント側が一。
294	K1	そのタイミング。
295	TD	6月だったからこれだったのに、7月になったらこんなの出せないよって、
296	K1	あるある。
297	TE	〈笑い〉そうなんですよね。
298	TD	どっかで無理しないといけない。
299	TE	（K2に）ちょっとこれコピーを。
300	K1	あ、いいですよ、それ、差し上げます。
301	TD	そうなったら、編集の方が無理するしかないと思うんですよ。
302	K1	あれ、これオリジナルかな？ああ、大丈夫。
303	TE	あ、編集の方は既に動いて、昨日もひとつ取材やったし、多分、大丈夫だと思います、はい。確かに、広告がごてごてになっちゃってー。〈沈黙〉
304	TD	終わりですね。
305	K1	え？
306	TD	終わりですね、印刷会社はね、こんなの作ってるようじゃ。
307	K1	気合入ってるんですよ。すごいよね。今まで見たことある仕事いろいろあったけど、全然違うでしょ、種類が。こんな適当じゃないよ。ほん

308	K1	とに。〈笑い〉〈笑い〉すごいんだ、本当に。
309	TD	やっぱ、レギュラーでこんだけのが動くと嬉しいんでしょうね、この時期ね。
310	K1	すごいですよ。営業マンって感じだもんね。
311	TE	K1さん、それは半分ぐらいしか売り上げがない。
312	K1	〈笑い〉一緒に聞いてらんないから、〈笑い〉業務の人間付けてー。
313	TE	これね、本当は、これくらい。
314	TD	本当は、雑誌という部分でいうと、そのぐらいはあった方/がいい、
315	TE	/コスト的にはどうなんですか？
316	TD	高くない。
317	TE	135と106じゃ相当違いますよ。
318	TD	全然変わっちゃう。輪転回らないんですって、こっちゃじゃ。こっちゃじゃ回る。
319	TE	あ、じゃあ仕方が無い。
320	K1	しかも小口が出っ張っちゃうと、
321	TE	あー、じゃあ仕方ないかな。多分、だからね、美容室で、よくほら美容室行くと、よく、雑誌見繕って持ってきてくれるでしょ。
322	TE	そういう感じで使い回されるから、結構傷むと思うんですよ。
323	TD	傷むでしょう。
324	TE	本当は厚手がいいんですよ。
325	K1	そりゃそうですよ。
326	TD	その部分を部数を少し多くして、1.5倍ぐらい？10冊だったら15冊にして、傷んだのは破棄してもらって新しいの使ってもらってもらうぐらいの話、どうせフリーペーパーですから、向こうもそんなにね。
327	TE	まあ、そうですね、傷んだら捨てるー。
328	TD	うん、ぐらいの感覚で。
329	K1	あげちゃう場合もあるわけだよね。
330	TE	あげちゃうんですよ。最後にレジで、渡してくれってはなし。
331	TD	そうしたら、傷んだやつはお店のほうが嫌がって捨てちゃいますよ。〈沈黙〉
332	TE	じゃ、その指示の部分と、あと葉書ですね。葉書の位置とー。
333	K1	葉書の位置と、書いといて。葉書の位置と、えーと、
334	TD	何色、はい、葉書の位置と何色、出力指示書。
335	K1	出力、なんだっけ、
336	TD	出力指示書。
337	K1	出力指示書、データのー、それだけでいいか？入稿、広告、それと、
338	TD	入稿スケジュールも広告に関しては別スケジュールで、どのぐらいのあれでやれるのとか、確認しないとスケジュール、だから本文とまとめては、なしよって。
339	K1	っていうか、それはそちらからこういう風にしたいって、あ、そんなことないか。
340	TD	そんなことない。そっちから、この日までにまず一発目くださいっていう話を、うちの方からお客さんに対して出さないと、広告はそうですからね。で、ずれたら、ここまでは、だか/ら、
341	K1	/要するに、広告は色校が2回ぐらいあるよっていう考え方。
342	TD	2回はいいですよ。だから1回でー。
343	K1	1回でー。
344	TD	最悪は、だから、責了の確認校正が出れば/変更が出てくるんでー。
345	K1	/あ、そうか、そうか、翌日には返ってこないんですよ、これみたいに。
346	TD	絶対、返ってこないんですよ。
347	K1	1週間ぐらいみなさいって話だよね。その色校を出してからー。
348	TD	そうです。そうです

349	K1	1週間ぐらいが返事だよと。で、直しがあるかもしんなくて、それは、責了でいいにしても、それだけ見ていだと。
350	TE	そうですね。
351	K1	そうすると、休み明けとかにしちゃったらどうだろう。〈一同笑い〉
352	K1	それとね、そのデータでくださいって言っても、いろんなスポンサーがいるだろうっていう考え方で、値段の方も印刷会社とある程度、その、前もって約束しておいた方がいいかなってのがあるんですよ。で、それでまた、だからさっきも出した見積もりに、例えば、写真分解、完全データじゃなくて写真は別にしてって言われれば、1点いくらですよ、とか、版下だといくらー。
353	TD	でもそれも、ある程度、見込んでてもらわないと、版下の場合は、例えば10点を超えたら、くださいとかー。
354	K1	もちろん、融通はきかせるつもりで、あの訂正とかなんとかってのも、全部込みでやらせてもらいますって話であったんですが、それも基本的にはデータ全部、今の条件は全部データで入ってくるって前提だったんで、多少バラバラになった場合、やっぱりこうフィルム絶対駄目ってなれば、そんー。あとは大体、平気ですけど、だからフィルムできた場合だけちょっと怖いんですよ。でも、まあ、TRさんの話でも、だからと言って、クライアントにね、請求できないっていった場合でも、印刷屋がじゃあ泣けってわけにも、いかない部分もあるじゃないですか。だから、こうなった場合は、これだけみてあげるよっていう、この、許容範囲ー。
355	TD	じゃあ、フィルムを2社ぐらいはそん中で試そうとか、そのぐらいの話はやってもらえるとー。
356	K1	もちろん。
357	TD	フィルムになったら必ず、とか言ったら、難しいですよ。だから写真分解も、10点超えたらやり過ぎですからくださいよって、そのくらいの話である程度収めてもらって。
358	K1	そうですね。
359	TD	手間かかるし、そのくらいの話でー。そうですね。版下も、だから、全体の何割超えたらくださいってー。
360	K1	そうですね。
361	TD	多分、この車屋さんなんて、絶対フィルムですよ。
362	K1	なるほどね。
363	TE	これ、フィルム？
364	TD	だから、新車の広告だったら、フィルムですよ。
365	K1	ああ。
366	TD	それ以外だったら、多分大丈夫ですけど、車のブラッシングとかのデータとか、完全データなんてどうなるかわからないですからね。
367	TE	ああ、なるほどね。
368	TD	化粧品と一緒ですから、車なんて。映りこみとか、表回りなら、ホームページで済むんですけどー。表回りは多分別になるから、どっちにしろあれですから。
369	TE	他はもう一斉になっちゃいます？
370	K1	うん、多分一斉に刷っちゃうと思いますよ、32ページだとー。
371	TE	ああ。
372	K1	20万枚なんてすぐでしょうね。〈沈黙〉
373	TE	わかりました。
374	K1	はい。
375	TE	じゃ、すいません。
376	K1	よろしくお願いします。

第4章
接触場面のビジネス・インターアクション研究
―同化ストラテジーか多文化ストラテジーか―
【研究3】

　【研究1】では、外国人ビジネス関係者の抱えている問題点が、①不当な待遇、②仕事の非効率、③仕事にまつわる慣行の相違、④文化習慣の相違であることと、それらの問題点と属性との関係が示された。【研究2】では、②の仕事の非効率に焦点を当て、外国人ビジネス関係者が問題視していることの実態を、実際の母語場面のビジネス会議を対象に探った。【研究2】で挙げられた日本人のビジネス会議の特徴は、外国人ビジネス関係者の目には非効率に映るものがあることが示された。【研究2】に見られたように、日常化、慣習化されたやり方でビジネスを営む日本人ビジネス関係者が、慣れない外国人ビジネス関係者との商談ではどのようにインターアクションを進めるか、ということを探るのが第4章である。
　本章は、アジア系ビジネス関係者が、ビジネス上、自分の文化習慣を保持しにくい状況にあり、同化が求められる傾向が強く、欧米豪系ビジネス関係者と比較してより深刻な問題を抱えているという【研究1】の結果を基にして研究を進める。実際の商談というインターアクション（接触場面）において、日本人ビジネス関係者が韓国人ビジネス関係者に対し、どのような受け入れストラテジー（Berry 1992、岡崎 2002）をとるか、すなわち同化を求めていると言えるかどうかを2つの事例から質的に探ることを目的にする。扱う2つの事例のうち、【事例1】は日本人ビジネス関係者が母語場面のルールを固持し韓国人側に同化を求めたと解釈されるケースであり、他方、【事例2】は、相手が外国人であることに配慮して母語場面のルールにこだわら

ずに歩み寄ろうとしたと解釈されるケースである。この2つの事例の結果から、主に日本人ビジネス関係者に示唆するところを見出そうとするのが本章である。外国人ビジネス関係者に欧米豪系ではなくアジア系を選択し、そして、アジア系の中でも韓国人ビジネス関係者を選択したのは次の3つの理由からである。第1に、前述のとおり、【研究1】により出身圏で直面している問題が異なり、アジア系のビジネス関係者は文化習慣の相違に問題を感じていたということが示されたからである。これは、アジア系ビジネス関係者が日本人ビジネス関係者から同化することを期待され、自分自身の文化的規範を保守しにくいと考えていることに起因する。外見で日本人に似ていることもあり、日本人ビジネス関係者は日本語を使用するアジア系ビジネス関係者に日本の文化的規範を求めてしまう傾向があるのではないだろうか。アジア系ビジネス関係者との接触場面についてさらなる研究が必要であろう。

第2に、アジア系ビジネス関係者の中でも、とりわけ韓国人ビジネス関係者を取り上げたのは、主に日本との経済上の関係と地理的要因からである。IT産業や製造業をはじめとした企業の経済成長が期待され、地理的にも日本に近接している理由から、今後ますます、在日韓国系企業の数や出張で行き交う人の数は増加し、韓国人ビジネス関係者との関係は密接になっていくと考えられる。

第3に、現在のところ、両国のビジネスの場では、日本語が使用される場合が多く、日本語の果たす役割が大きいからである。そして、韓国人ビジネス関係者の日本語能力が商談などに十分でない場合は、その度に通訳が必要とされる。その実情から韓国人通訳を介した商談の分析を行う必要があると考える。

4.1 研究目的と研究課題

本研究の目的は、日本人ビジネス関係者と外国人（韓国人）ビジネス関係者に加えて、外国人（韓国人）通訳が同席する商談において、日本人ビジネス関係者がどのような受け入れストラテジーを行使しているかを探ることである。

Berry(1992)では、ある社会に新たな参入者が入ってくる場合、参入側も受け入れ側もそれぞれがストラテジーをとって相手と接触することが報告されている。そして、参入側がとるストラテジーは受け入れ側のストラテジー(受け入れストラテジー)が何であるかによって大きく規定されている(岡崎2002)。そのため、まず、日本人ビジネス関係者がどのような受け入れストラテジーをとるかを探ることは意義があると考える。Berry(1992)では、受け入れストラテジーとして、多文化ストラテジー、同化ストラテジー、隔離ストラテジー、周辺化ストラテジーの4つのストラテジーがあることが示されている。以下に引用する(岡崎2002: 303)。

> 1の多文化ストラテジーは、参入側を受け入れ社会の一員として積極的に受け入れ、同時に参入側文化も積極的に尊重しようとする特徴を持つ。ひとつの社会に複数の言語や文化の存在をみとめる立場に立ってとられるものである。

> 他方、2の受け入れ側同化ストラテジーは、ひとつの社会にひとつの言語や文化しか認めないと言う立場に立ってとられる。参入側に対しては積極的に接触し、受け入れ社会の一員とすることを求めるが、参入側文化の保持については消極的であり、受け入れ文化への同化を求める。

> 3の隔離ストラテジーは、2の同化ストラテジーと内容的に全く逆のものである。同化ストラテジーのように、参入側の人々に対して受け入れ社会への同化を求めない。その代わりに、住む地域や就く職業など一定のものに限定し、両者の社会的な接触を最小限に留めようとしてとられるストラテジーである[1]。

> 4は周辺化ストラテジーである。これは参入ストラテジーの場合と同じように[2]、意識的にとるというよりは、同化や隔離政策を強行した結果、それぞれの目的を達成できず失敗に終わった場合に結果的にとられるストラテジーである[3]。

	1 多文化 multicultural	2 同化 assimilation
	3 隔離 exclusion	4 周辺化 marginalization

大 ↑ 受け入れ社会との接触 ↓ 小

大 ← 参入側文化の保持 → 小
受け入れストラテジー

（岡崎 2002: 303）

図4.1　受け入れストラテジー

　本研究では、韓国人との商談における日本人の受け入れストラテジーを見出すことを目的としており、両者の接触を前提としている。そのため、隔離ストラテジーと、同化や隔離政策を強行し失敗した場合に結果的にとられる受け入れ側周辺化ストラテジーには該当しないと考え、対象にはしない。言い換えれば、商談において日本人ビジネス関係者がとる受け入れストラテジーは、多文化ストラテジーと同化ストラテジーのどちらかに傾いていると考える。現実に様々な問題や摩擦が生じているにもかかわらず、日本人ビジネス関係者の受け入れストラテジーについてはこれまでの研究では明らかにされていないため、その実態は把握できていない。

　なお、外国人ビジネス関係者も多様化しており、ビジネスを目的として滞在していても、日本で家族と共に暮らし定住を望む者もいる。ビジネス関係者を取り巻く社会や学校などとのつながりは興味深いが、ここではビジネス場面に限定し、日本人ビジネス関係者が商談の中で「同化要請」（岡崎 2002: 330) しているか否かを見ることにする。

　この同化要請について見るには、商談の際に日本人ビジネス関係者がいかなるルールに従っているのかを分析することが必要であると考える。日本人ビジネス関係者は自らのルールを求めているだろうか。もし自らのルールを相手に求めている場合は同化ストラテジーをとっていると言えよう。そし

て、相手のルールを尊重し歩み寄ればそれは多文化ストラテジーをとっていると考えられよう。日本人ビジネス関係者の適用したルールを分析することで、商談における受け入れストラテジーが浮き彫りになる。そこで、研究課題を次のように設定した。

> 研究課題：日本人ビジネス関係者は韓国人側に対してどのようなルールを適用するのか。

なお、ルールは母語場面で適用される規範や決まり事であり、言語行動や非言語行動の双方を対象としている。商習慣や商談の決まり事は非言語行動のルールと考える。

4.2 研究方法

4.2.1 分析観点

接触場面における日本人ビジネス関係者がとる受け入れストラテジーを明らかにするには意識調査等の方法もあるが、本章ではそうした量的研究では見えにくい実態を明らかにするために、実際の商談においてどのようなストラテジーがとられるかをミクロな視点から分析する。つまり、2つの事例におけるインターアクションとフォローアップ・インタビューを詳細に分析することによって商談において日本人ビジネス関係者がどのようなルールのもとで交渉しているかを明らかにする。ルール適用の分析観点は以下の3点である。①母語場面のルール、すなわち日本人ビジネス関係者に対して使用しているルールを適用している、②相手が外国人ということを意識して、英語または相手の国（韓国）のビジネスルールを適用している、③どちらかと決めないで当事者（日本人と韓国人双方）がその場に適切なルールを作り上げている。①の場合は同化ストラテジーであり、②と③の場合は多文化ストラテジーと解釈することができよう。これらの観点に基づき分析を進めていく。

4.2.2 収集方法とデータの特色

2つの事例は、東京国際展示場で開催された展示会で、韓国人ビジネス関係者と韓国人通訳、そして日本人ビジネス関係者の間で行われた商談である。事例1は先端・複合技術に関する展示会、事例2は国際食料品に関する展示会であった。展示会への来場目的は、両事例とも日本企業と業務提携を結ぶことにあり類似している。以下、データの収集方法と特色について事例ごとに述べる。

（1） 収集方法

①【事例1】

【事例1】の商談は、日本企業の機械メーカーのブースで、メーカーの社員である日本人J1と、韓国から展示会のために来日したA1、そしてその友人で通訳のために同行した韓国人K1の3人の間で行われたものである。参加者全員が男性であった。大型機械の部品を製造しているA1の来場目的は、日本企業と業務提携を結ぶことにあった。A1は日本語のレベルは初級前半で、K1は日本語能力検定試験1級合格者である。K1はA1の友人であり大学院を休学中で、自分の会社（商社）を設立する準備段階にあった。接触場面は、カセットレコーダーとビデオカメラで録音、録画された。韓国人側には前もって許可をとったが、その際、研究内容などの詳細については知らせなかった。また、日本人には、事前に録音・録画の許可を得る機会がなかった。そのため、フォローアップ・インタビューで双方に対して、データ収集に関する説明を行い、改めて承諾を得た。展示会では、来場者がビデオを使用するということは珍しいことではないため、結果として、自然な会話を収めることができた。事実、韓国人も日本人も、フォローアップ・インタビューで録画、録音を「意識しなかった」と言っていた。

②【事例2】

【事例2】の商談は、日本企業の食品会社のブースで、食品会社（F社）の営業部長である日本人J2（男性）と、韓国から展示会のために来日したA2（男性）、そして同行した韓国人通訳K2（女性）の3人の間で行われたものである。A2の来場目的は食品機械を輸入する契約をF社と締結することであっ

た。日本語のレベルは初級前半で、K2 は日本語能力検定試験 1 級合格者であり大学院修士課程を日本で修了し展示会などの通訳の仕事を行っていた。

　接触場面は、録音、録画されたが、録画は会場の都合で全部は録画できなかった。収録については【事例 1】と同様、韓国人側には事前に承諾を得た。日本人に対してはフォローアップ・インタビューで説明、許可を得た。

（2）データの特色
以下データ収集の状況について、Hymes（1972）が述べるコンテキストの概念に沿って、定式化した方法で記述を行う（メイナード 1993: 81）。
① 【事例 1】
・会話の参加者の特徴
　1. 機械メーカーに勤務する日本語母語話者 J1 と、韓国の機械メーカーに勤務する韓国人 A1 と日本在住の商社設立中の韓国人通訳 K1。
　2. 年齢は 3 名とも 30 代前半。
　3. 韓国人 A1 はこの展示会のために韓国から出張。
　4. 日本人 J1 と韓国人（A1 と K1）は初対面。
　5. 韓国人同志は友人。
　6. 韓国人には録音、録画の旨を前もって簡単に説明。
　7. 日本人には録音、録画については事後説明。
　8. 詳細な研究目的については、全員に事後説明。
　9. 韓国人 A1 の日本語レベルは初級前半、来日経験は今回が初回。
　10. 韓国人 K1 は日本語能力試験 1 級取得者。滞在期間は 6 年。大学院を休学し、商社設立準備中。
② 【事例 2】
・会話の参加者の特徴
　1. 食品会社に勤務する日本語母語話者 J2 と、韓国の食品会社に勤務する韓国人 A2 と日本在住の韓国人通訳 K2。
　2. 年齢は J2 は 48 歳、A2 は 36 歳、K2 は 30 代前半。
　3. 韓国人 A2 はこの展示会のために韓国から出張。

4. 日本人 J2 と韓国人（A2 と K2）は初対面。
5. 韓国人同志は初対面。
6. 韓国人には録音、録画の旨を前もって簡単に説明。
7. 日本人には録音、録画については事後説明。
8. 詳細な研究目的については、全員に事後説明。
9. 韓国人 A2 の日本語レベルは初級前半、来日経験は短期で数回あり。
10. 韓国人 K2 は日本語能力試験 1 級取得者。滞在期間は 4 年。大学院修士課程を修了。

表 4.1　インターアクションの参加者【事例 1】

	J1	A1	K1
国籍	日本	韓国	韓国
性別	男性	男性	男性
年齢	30 代前半	30 代前半	30 代前半
会社	日系機械メーカー	韓国系機械メーカー	フリー（商社設立中）
役職	営業担当者	営業担当者	通訳
滞在年数	—	短期ベース	6 年
日本語能力	—	初歩（挨拶、値段を聞く程度）	上級

表 4.2　インターアクションの参加者【事例 2】

	J2	A2	K2
国籍	日本	韓国	韓国
性別	男性	男性	女性
年齢	48 歳	36 歳	30 代前半
会社	日系食品会社	韓国系食品会社	フリー
役職	営業部長	マネージャー兼営業担当者	通訳
滞在年数	—	短期ベース	4 年
日本語能力	—	初歩（挨拶、値段を聞く程度）	上級

以下に示す収集の場の特徴と展示会来場の目的、行為の順序、雰囲気、伝達の手段のうち、雰囲気は【事例1】と【事例2】に共通する点なので事例を分けずに記述する。

・収集の場の特徴：
    1. 東京国際展示場会場。
    2. 某展示ブース内での交渉の場面。
    3. 録画は8ミリビデオカメラによる。録音はカセットテープおよびマイクロテープによる。
    4. ビデオカメラは筆者が操作した。マイクロテープは事例1では筆者が、事例2ではK2が操作した。
    5. カセットレコーダーは韓国人通訳が操作した。
・展示会来場の目的：
    韓国人側が展示内容に関心をもち、ビジネスパートナーとしての可能性を探るために来場。
・行為の順序：
    ビジネスのための会話なので、すべて当事者により会話が進行した。会話に関して筆者の関与は無し。
・雰囲気：
    展示会会場なので、通常のビジネスの場面より幾分和らいだ雰囲気。ただ韓国人は日本での展示会に来場するのは今回が初めてであった。さまざまな展示品のため機械音が会場に響いていた。
・伝達の手段：話し言葉
・ジャンル：ビジネス会話

なお、展示会終了後、参加者が会話についてどう思ったか、フォローアップ・インタビューを行い、相手への印象や発話意図などについて自由形式で話してもらった。

(3) インターアクションの展開

まず、インターアクションがどのような展開をしたか、トピックの性質から捉えたインターアクションの展開を表 4.3 と表 4.4 に示す。文字化したデータは章末の資料を参照されたい。

① 【事例 1】

商談は、下記の表に示すとおり、開始部・本題・終結部としたが、本題の部分は前半(Ⅱ)と後半(Ⅲ)に大別することができる。

表 4.3　インターアクションの展開【事例 1】

		発話番号	トピック	トピック提示者
Ⅰ	開始部	1–3	挨拶	J1
Ⅱ	本題	4	レールのラベル表示と生産	K1
		5	レールの生産	J1
		6–19	レールのラベル表示とペンキ塗装	K1
		20–25	レールの組み合わせ	K1
Ⅲ		26–31	売り込み	K1
		32–36	連絡先の照会	K1
		37–46	自己紹介	K1
Ⅳ	終結部	47–48	挨拶	J1

　本題の前半(Ⅱ)は韓国側が展示品についての情報収集を行っている。後半(Ⅲ)は日本の会社のビジネス上の窓口を聞き出している。商談は一見、直線的に進んでいるように見えるが、実際は複雑に入り組んでいる。4.3.1 で後述するが、韓国人通訳 K1 は前半、ひとつのターン[4]で、2 つの質問をしている。最初の質問(発話番号 4)で、展示品にメーカー名が表示されたラベルが貼ってない理由と生産状況について尋ねている。それに対して、日本人 J1 は後者についてしか答えなかった。そして、それを受けて、K1 は再度、メーカー名の表示について聞き、さらに、製品のペンキの塗り具合についても聞いた(発話番号 6)。しかし、J1 は再び、メーカー名の表示については答えず、ペンキの塗装についてのみ回答している。そして、K1 が再度、メーカー名の表示について尋ね、その結果、ようやく J1 は回答をした。商談は、

第4章　接触場面のビジネス・インターアクション研究　139

K1がJ1の会社の連絡先を聞き出した後に終結している。
② 【事例2】
商談を、開始部・本題・終結部に分け示したのが表4.4である。

表4.4　インターアクションの展開【事例2】

	発話番号	トピック	周辺トピック	トピック提示者
開始部	1	挨拶		K2
	2–23	過去の経緯 （連絡がとれなかったこと）		K2
本題	24–30	海外進出の可能性		K2
	31–32		エージェントの存在	J2
	33–41	海外担当者に関する照会		K2
	42–48	話し合いの可能性		K2
	49–50		連絡しなかった理由	J2
	51–52	海外輸出国の確認		K2
	53–55		輸出国の制限の理由	J2
	56–59	海外進出の可能性		K2
	60–65	話し合いの場		J2
終結部	66–70	謝辞		K2
	71–74	他社の紹介の可能性		J2
	75–79	謝辞、挨拶		K2

　この表から主に韓国人ビジネス関係者側から話題が提供されているのがわかる。具体的には、商談の中で4回にわたりビジネスの可能性を尋ねている。最初はF社（J2の勤務する会社名）の海外進出の可能性を（発話番号24）、次に海外担当者名を聞き出そうとした（発話番号33）。それから、具体的に韓国との取引の可能性（発話番号42）、そして、再度海外進出の可能性について尋ねる（発話番号56）。最終的にA2はF社の海外進出の見通しを聞き出し（発話番号59）、さらにF社との話し合いの場を持つことの合意を得た（発話番号65）。A2は一昨年からF社の展示会に来訪し、ファックス

で交渉を進めたいという意思を表明していたが、今回、F社と話し合いの場をもつことが了承されたことから、商談は一応の成果が得られたと言える。

4.3 結果と考察

研究課題：日本人ビジネス関係者は韓国人側に対してどのようなルールを適用するのか。

インターアクションの観察とフォローアップ・インタビューから、日本人ビジネス関係者が韓国人ビジネス関係者とその通訳に対してどのようなルールに従って商談を進めたのかを探る。ルール適用の観点については、既に研究方法のところで述べたが、①母語場面のルール、すなわち日本人ビジネス関係者に対して使用しているルールを適用している、②相手が外国人ということを意識して、英語または相手の国（韓国）のビジネスルールを適用している、③どちらかと決めずに当事者（日本人と韓国人双方）がその場に適切なルールを作り上げている、の3点であり、これらの観点に基づき分析を進めた。なお、フォローアップ・インタビューの抜粋は次のように示す。例．[FI.1]：フォローアップ・インタビュー1を指す。Iはインタビュアー（筆者）を表す。〈　〉の補足は筆者による加筆である。本文中のインターアクションの抜粋は章末の資料で使用した会話の通し番号をそのまま使用している。本章の表には、日本人ビジネス関係者に使用されたと思われる適用ルールを記す。これはインターアクションまたはフォローアップ・インタビューで日本人ビジネス関係者が取り上げた内容を直接、表にしたものである。

4.3.1 結果
4.3.1.1 商談開始部
（1）【事例1】
事例1の開始部でJ1は、韓国人2人がブースへ入ってきたことに気付いた

ものの、即座には2人に近づかなかった。韓国人と目があってはじめてインターアクションが起こる。

[事例1 ①]
　1　J1　はい、
→2　K2　あの、いろいろ質問、お伺い〈したいんですが〉、

　この開始部についてJ1はフォローアップ・インタビュー1で次のように説明していた。

[FI.1] 第一印象
　　I：　まず〈J1さんが〉話し掛けた時点で、外国人だということは、おわかりになりましたでしょうか。
　　J1：　うん、わかりました。
　　I：　それはどういうところで、
　　J1：　ひとつには、その人がはじめてじゃなかったんですよね。まー前、その当日にも、前、中国人とか韓国人とか、来てましたからねー。まず、ひとつはなんかまー、日本人とちょっと顔つきが違うかなっていうのが、ひとつありましたし、うーん、もうひとつは見方が違いますよね。日本人の方がおとなしい人はおとなしくて、**なかなか〈ブースの中に〉入ってこないんですけれども**、韓国なんかの人のほうが、逆に言えば、もっとー、あの時で言えば、**ガツガツ入ってくるっていうかー。まーあまり気にしないで、どんどん中に入ってきて**、まー通訳の人がいたかもしれませんけど、聞いてくるっていうのがありましたね。(略)**積極的に行かない、行けない**、っていうのありましたよね。
　　　　　　　　　　　　　　　（ゴシック体は筆者による。以下同。）

　つまり、日本人J1は、若干ではあるが、顔つきの違いと、ブースへの「ガツガツ」「どんどん」とした入り方、そして入ってきて即、展示物について

質問するというその直接的な質問の仕方から、外国人だということを理解したと言う。この入り方や見方は、韓国のルールに沿うものであったとA1とK1は説明したが[5]、J1のいう日本人は「なかなか入ってこない」という期待とは異なっていた。すなわち、これはJ1が母語場面のビジネスルールを適用していることを示していると言えよう。そして「相手の言葉が話せない」ために不安があったこともあり、自分から相手のところへ「積極的に行けない」という消極的な態度をとったと解釈できる。以下の表にそのプロセスを記す。

表 4.5　ブースへの入り方・展示品の見方に対する J1 の適用ルール【事例 1】

適用対象	ブースへの入り方、展示品の見方
適用ルール	母語場面のビジネスルール：「なかなか入ってこない」
結果	「積極的に行かない、行けない」という消極的態度をとる。

さらに、J1はA1とK1がブースへ入ってきた時の印象を、フォローアップ・インタビュー2で次のように述べていた。

[FI.2]　コピー商品

J1：　どうもあぶないって気がするんですよ逆にどうしても、**中国、韓国**っていうのはね、うちの下のC〈会社名〉の場合もあったんですけど、**出荷したあとに同じものを造られちゃうんですよ、向こう**で。

I：　海賊版ですか。

J1：　はい、そういったもんです。**中国、韓国**は注意してますよ。うちのメーカーだけじゃないと思いますよ。他のところさんなんかも注意してますね。

I：　機械業界だけに限ったことなんでしょうか。

J1：　それは、機械だけじゃないと思いますよ。まー、そればっかりじゃないと思いますよ。けど、**韓国のメーカーさん、私どもなんかでは、イメージがあるんですよね。**

上の [FI.2] からわかるように、J1 は、「コピー商品を製造するべきではない」という母語場面のビジネスルールに基づき、A1 と K1 がブースへ入ってきた際にアジア系外国人（中国人か韓国人）と判断し 2 人に近づかなかった。コピー商品の製造という実態やイメージは、言葉が交わされる前から既に商談に大きな影響を与えていることがわかる。

表 4.6 アジア系企業に対する J1 の適用ルール【事例 1】

適用対象	アジア系企業
適用ルール	母語場面のビジネスルール：コピー商品は製造すべきではない
結果	「中国、韓国は注意を要する」という消極的態度をとる。

また、商談が開始され相手が日本語を話していても、J1 の「外国人」に対する行動が同じであることがフォローアップ・インタビュー 3 から推測される。

[FI.3]　消極的な態度
　　J1：　日本語で話しかけられた時点でも、**やっぱり「外国人だ」っていうの、ありますよねー**。まー日本語で話したんですけど、**アクセントとか、違ってますから**。それ〈アクセントの違い〉もありますけど、やっぱりねー。

つまり、相手が日本語を話す場合でも、J1 の不安や消極的な態度に変化は見られなかったことがうかがえる。これはアクセントに対しても J1 は母語場面のルールを適用していることがわかる。

[FI.4]　アクセント
　　J1：　感じとしてはーアクセントはあれでしたけど、まーそれなりに、わかったと思いますよ。ある程度はわたしの言ったことに対し、わかってたみたいですし、向こうの言うこともわかりましたから。**アクセントはちょっと違うかな、と思いました**。

このアクセントに対するJ1の適用ルールは、日本人のアクセントが正しいというもので、K1のアクセントからアジア系外国人ということを意識したと解釈できる。表4.7に示す。

表4.7 アクセントに対するJ1の適用ルール【事例1】

適用対象	アクセント
適用ルール	母語場面のルール：日本人のアクセントが正しい
結果	相手が「アジア系外国人」と意識した。

要するに、事例1の開始部においてJ1は、ブースへの入り方と展示品の見方という非言語行動のみならず、アクセントという言語行動に対しても母語場面のルールを適用して解釈していると言えよう。また、コピー製品を製造するべきではないという母語場面のビジネスルールを適用し、開始部で「アジア系外国人」と意識し警戒を強めていたと考えられる。以上が事例1の開始部の特徴であった。

(2)【事例2】

事例2の開始部は次のとおりであった。ブースへ入ってきた際の服装やふるまいから相手が外国人であるとJ2は判断したものの、その入り方や展示品の見方については、J1（事例1）とは異なり、特に評価をしていなかった。しかし、企業が韓国籍であることが告げられると（発話2K2）、J2は「韓国系企業はコピー商品を製造する」という事例1と同様の理由で警戒し始めている。韓国系企業ということを警戒したことは、インターアクションの開始部には表出していないが、フォローアップ・インタビュー（FI.5）では「コピー商品が出回りやすい」ことを懸念し「市場として（魅力が）薄い」と述べていた。言い換えれば、コピー商品は製造するべきではないという母語場面のビジネスルールに、J1同様、J2も従っていることがうかがわれる。

［事例2 ①］
1　K2　あっ、すみません、あっ、通訳、担当している（はい）K2（名前）

　　　　　と申します。よろしくお願いします。
　　　　　〈通訳：A2 と K2 の韓国語でのやりとりを以下、通訳とする〉
→ 2　K2　あ、すみません、あの、一昨年、あのーですね、えーとこちらにあのー、伺ってて、で、いろいろちょっと、相談して、あの、話し合ったんですけれども、当時はですね、韓国との、あの、協力を考える、という話でもういちお〈一応〉、終ってて、
　　3　J2　はい、

[FI.5] コピー商品

　　J2：　国によって〈取引〉をしたりしなかったりしてるんですよ。韓国はしてないんですよ。韓国にはとりあえず、うちの方針としては〈機械〉を出さない。〈略〉**コピー商品が出回りやすいんですね。**〈略〉**市場としてほら、**〈魅力が〉**薄いじゃないですか。スピーディーなんですよね、韓国は、海賊版がでるのは。**

さらに、コピー商品を製造する韓国企業とは取引する準備がないため、断わろうとしたものの、断りの仕方に戸惑いがあったことを述べていた。

[FI.6] 断り方

　　J2：　**外人さんはイエスかノーかが基本。**〈私自身も〉**はっきり回答する。**〈略〉一応〈韓国ということを〉意識しているから、ある程度、正式に断らなければいけないなー、変にこう、もったいぶったしゃべり方をするのは失礼だしね。〈略〉出来ないことに対して、どういうふうに**断れ**ばいいのかなっと。先方さんの言わんとしてることがわかるんで、何とかしたいという気持ちがわかるんで、気持ちがわかってもこっちが出来ない。出来ないものに対して、じゃーどうやって、その、**お断りすればいいのか**、そこら辺がちょっとわたしも戸惑いはありましたね。

このように、J2 は、相手が外国人であるため「イエスかノーかが基本」

であり、J2自身もはっきり回答しようとする心構えがあった。そして、韓国ということを「意識」し、「正式に断る」といった計画を即座に立てている。その断り方に関しては、相手が外国人、韓国人であるため「どうやってお断りすればいいのか戸惑いがあり」、そのため、実際にはその場で断れなかったという。

　母語のビジネスルールに従い、相手が韓国系企業であることを警戒したことまでは事例1と同様であった。しかし、J2の場合は相手が外国人、韓国人であることに配慮し、母語場面の回答の仕方を相手に求めずに、自ら回答の仕方に変革を求めたと考えられる。このことから、J1とJ2の両者の間には、受け入れストラテジーに相違があったと言える。

表4.8　韓国系企業に対するJ2の適用ルール【事例2】

適用対象	韓国系企業（企業の国籍）
適用ルール	日本人のビジネスルール：コピー商品は製造すべきではない
結果	「コピーされないように気をつける」「正式に断らなければいけない」「もったいぶったしゃべり方をするのは失礼」「はっきりいう」といった外国人向けルールの適用を試みようとする。

4.3.1.2　本題

商談の開始部が終了し話が本題に入ると、J1とJ2はそれぞれ次の点にルールを適用したと考えられる。

（1）【事例1】
J1は韓国側から持ち出されたラベルというトピックに対し、日本人同士では一般に持ち出されないとして、母語場面のビジネスルールに従い否定的な評価をしていた。商談において、会社名の記入されたラベルが展示品（大型機械）に貼っていないことにA1は関心がありK1に質問をさせるが、その際、J1は次のように回答を避けている。

［事例1　②］
→ 4　K1　このレールについて、ちょっとお伺いしたいんですけど、**ラベルは下でなんで貼っていないのかと**〈なぜ下の機械部分にラベルが

貼っていないのかということと〉、これはレールに付いているもの、ある程度、状況に応じて注文をしてるのかー、
5 　J1　いや、これ自体は大量にある程度造ってますから、ただこの先の部分だけがこういうものじゃなくてなにか他のものをいろいろ使ったり、その部分だけ、いろいろ造り分けてーこの部分だけが、例えば1個1個、これ自体はあのー大量に一杯造ってます。〈大型機械の大部分は大量生産をしていますが一部は個別対応しています〉

このようにK1はラベルと製造という2つの質問をしたにもかかわらず、ラベルについての回答が得られなかったために、再び同じ質問(6K1)をしている。

→6　K1　なぜこの機械には会社のラベルですか、
7 　J1　あーはいはいはいはい、
8 　K1　そういうのが入らない、入ってないのか、いうこ/とと、
9 　J1　/はいはいはい、
10　K1　もうひとつはペンキの塗り具合とかも、見てすぐ、けっこうー、
11　J1　うーん、はいはいはいはいはい、
12　K1　それがなぜかっていうのを、
13　J1　実際ですね。これーあのーまだーなんていいますか、あのーまだ新製品出して1ヶ月弱なんですよ。これ自体はもう順を追って、いろんな展示会に出しちゃってるんで、そういう時って傷がすごいんですよ。ですから、正直言って、傷のところをペンキで付けただけですから、実際は。

J1はペンキの塗装状態については答えているが、ラベルの貼られていない理由についての言及は避けている。そして、K1は次のように、再度、簡略かつ明確に聞いている。

→14　K1　そうすると**メーカー名は、**
　15　J1　メーカー自体はですね、実際、この上のものとこれとは別々なんですよ。〈上下の部品は別々のメーカーで造られています〉
　16　K1　別々、
　17　J1　うん、ですから実際、これ自体も、この機械も出荷するときにはテープでシーリングされるんですけど、今回はもうーあのこういったものを展示会に出しちゃって、そのままわたしどもも違うところからそのまま、もってきちゃってるんで、ちょっとそういった〈ラベルを〉貼ることができなかったんですよ。
→18　K1　**通常は、**
　19　J1　そうです。通常は申し訳ないですけど、貼ってあります、はい。

3度目にしてようやく、J1はラベルを今回貼ることができなかったことについて説明し、通常は貼ってあることを述べた。フォローアップ・インタビューで「だた、ラベルっていうのはあまり気にしないですね、日本人の方はー」と言っていたことから、韓国側から何度か受けたラベルについての質問に違和感をもっていたことが推測される。

［FI.7］　企業名
　　J1：　企業名を気にする。一番ひっかかったかな。〈略〉〈通常、日本人は〉どこで使おうか、使う場所があるか、使えるものかどうかを聞くのに、外見のことを気にする。例えば、機種、何キロまであがるか。〈韓国人は〉本当に外観的なことしか聞いてこない。

つまり、J1は大型機械の外観は気にせず性能や用途を重視するという母語場面のビジネスルールを適用し、本来、日本人の間では、問題にされないラベルについてのトピックが現れたことについて疑問を感じていたと言えよう。

表 4.9　ラベルの質問に対する J1 の適用ルール【事例 1】

適用対象	ラベルについてのトピックを持ち出すこと
適用ルール	日本人のビジネスルール：大型機械の外観は気にしない
結果	J1 は 2 度回答を避け、3 度目に回答した。

トピックと関連して、韓国人側の話の進め方を、母語場面のビジネスルールに従い否定的に評価したと考えられる別の例を挙げる。K1 はビジネスの機会を探るために、以下のように質問をしている。

［事例 1　③］
20　K1　これと、上のあのーレールの部分ですか、(J1: はい) それとはまた別の会社のもんですか。

まず、A1 と K1 は展示中の機械に関心を示す。そして A1 の会社が同類の機械を製造していることを告げ、具体的に 2 つのレールの組み合わせについて尋ね、他の会社との契約を基にレールを組み合わせていることを聞き出す。さらに A1 の会社が関心をもっていることを伝えようとするが、J1 はそれ以上話を積極的に進めようとしなかった。

31　J1　それはまたお話があれば 本社の営業の者にー、

この点について、J1 は次のように述べていた。

［FI.8］　商談の進め方 (1)
　J1:　**ある程度内容的なものの話**、ある程度、もうこれこれこういったような仕様で、こういったものの中で、使いたいですよ、っていう**具体的な話がでてきたお客様に対しては、やはり期待度が**ありますけども、こうじゃなくて、ただ『やりたい』とかですね、ちょっとそういったお客様に対しては、期待が下がりますね。

つまり、これは具体的な性能や用途についての話がでてこなかったために期待度が下がったものと考えられ、J1が母語場面のビジネスルールに従っていると解釈できる。なお、J1の上司にも、録画画面を見ながらインタビューを行うことができたが、その際、J1の消極的な態度に理解を示すとともに、「商売になるかどうか、話しているとわかるんだと思うね」と述べ、韓国人側がビジネスへの関心や熱意を表明することに失敗したことなどを指摘していた。

商談の進め方に関しては、J1は日本人との商談と比較して、雑談が欠如していたことも述べていた。

[FI.9] 商談の進め方(2)
 J1: まー、はじめて会ったお客さんだったら、**前半は世間話をもってって**、**それで本題に入ってくる**っていうのがありますけど、もう親しくなっちゃったら、ある程度はもう先に、**本題をやってしまって、あとから雑談**っていうのがありますけどねー。

このように、J1は通常現れないトピックを韓国人側が持ち出したことや、普段（日本人同士の場合で）話されるトピックが欠如していたこと、さらに、商談の全体的な進め方に対して不満を示していた。これは母語場面のビジネスルールを適用していたためと考えられる。

表 4.10 商談の進め方に対するJ1の適用ルール【事例1】

適用対象	商談の進め方
適用ルール	母語場面のビジネスルール：具体的な性能や用途についての話を出す、雑談を入れる
結果	「期待度が下がり」積極的に話を進めなかった。

（2）【事例2】
事例2では、商談が本題に入り、A2が一昨年展示会を訪れ、商品に関心をもち連絡をしたが結局商談に結びつかなかったという経緯をK2が説明している。

[事例2 ②]

4	K2	で、韓国へ戻って、その以後はそちらのせんむー〈専務〉を紹介していただいたんですね、
5	J2	はいはいはい、
→6	K2	で、その方にいろいろこちらから、その後にいろいろ連絡したんですけれども、あの全く連絡がなかったんでどういうことかちょっとお聞きしたいということもありますし、(J2: はい)はい、ということで今度また再びまた〈笑〉伺うことになりましたけれども。
7	J2	去年？
8	K2	あのー一昨年ですね。あのー一昨年と去年。あの一応こちらに、

〈中略〉

| 14 | J2 | で、戻られて、向こうでコンタクトした時に、そのー、連絡がなかった、 |
| →15 | K2 | あ、連絡がなかったということです。あのー、 |

通訳

→16	K2	えーはい、コンタクトがとれなかったということですね。
17	J2	とれなかった。
18	K2	専務を紹介していただいたんですけれども。
19	J2	専務？専務ってわたしのこと？
20	K2	えーと、

通訳

| 21 | K2 | あの、当時ですね、あの、送っていただいたファックスに専務、の誰かちょっと名前を覚えていないんですけども。紹介していただいて、はい。 |

通訳

| →22 | K2 | えーと、あの、当時、あの、そち、当時J2さんから、ファックスでですね、あのー多分海外事業の担当者というふうに、(J2: はいはいはい)えーと紹介していただいたんですね。その方にあの、一応ファックスで連絡して、いたんですけど、連絡がなかったの |

で、あの、で社長にもあのー連絡をーいたしまして、なかなかコンタクトができなかったので、でそういうことでしたけれども。
23　J2　あーはいはい。

この部分について、フォローアップ・インタビューでは次のように述べている。

［FI.10］　商談の進め方（3）
　　J2：　われわれも商談の中でコンタクトを取ったりしているが、**日本人の場合は一概にこっちが一生懸命コンタクトしたんですよ、とアピールはあまりしない**。〈略〉〈日本人の場合は〉お客様のほうがお忙しそうで、わたくしも数回ご連絡したんですが、ご連絡取れずに申し訳ありませんでした。連絡を取れない状況にして、われわれがやったことに対して申し訳ない。〈連絡を取れない状況にしたことは申し訳ないと言う〉

また、F社の社長へ直接連絡を取ったことに対しても次のように話していた。

［FI.11］　商談の進め方（4）
　　J2：　〈面識がない場合〉100パーセント返事は期待できないし、受け付けない。〈略〉**日本人の場合〈日本人が同様のことをした場合〉は失礼**。社長に連絡しても連絡はとれないだろう。**商談のやり方が違うんじゃないの**。

J2はA2のビジネスのやり方が「日本人とは違う」と認識した上で、社長へ直接連絡をとったことがA2のビジネスルールに基づくものとして捉え、「気にしない」と述べていたと言えよう。つまり、日本人のビジネスのやり方に合わせる、あるいは、日本人のビジネスルールに従うべきであるという同化要請は行わず、A2の商談のやり方を尊重していることがフォローアッ

プ・インタビュー(FI10・11)から裏付けられたと言えよう。以下の表に示す。

表 4.11　過去の経緯に対する J2 のルールの適用【事例 2】

適用対象	経緯の述べ方・社長への連絡行為
適用ルール	韓国人（A2）のルール
結果	「日本人はしない」「商談のやり方が違う」「気にしない」。商談には影響しなかった。

　このような J2 の姿勢は、相手のやり方を認める立場に立ってとられたと考えられ、多文化ストラテジーのひとつであると解釈できると思われる。

　前述したが、J2 は商談の相手が外国人であり韓国系企業ということを意識して曖昧な回答を避けることを心掛けていた。韓国系企業とは取引を行わないことをはっきりいうことが相手への配慮だと考えていたからである。

　しかしながら、次に示すのは回答に曖昧性が見られた例である。K2 が海外進出の可能性があるかどうかを尋ねた際(24K2)に、J2 はその質問には回答せずに、海外には既に輸出しているという事実のみを述べている(25J2)。

［事例 2　③］
24　K2　あの、もうもう過ぎてることは過ぎてるので〈笑〉それいいんですけども。あのーひとつ伺いたいことはですね。あのー今も、営業担当なさっているからということですけれども、**海外での、あの、なんでしょう、市場しんちゅつ〈進出〉、つ〈す〉るっていうことについては、ある程度なんか可能性とか、ある程度可能性とか、そういうことについて考えーてらしゃるんでしょうか。可能性とかある**/んでしょうか。
→25　J2　/**かのうせー**〈可能性〉。**海外には既に輸出はしてるんですよ。**
26　K2　あーはい。
27　J2　それはー、そのーどっちのほうだ、台湾、

　このように、J2 は回答しにくいことに対して曖昧にして商談を進めてい

る。次のインターアクションにおいても海外担当者に連絡をすれば話し合いの可能性があるかどうかをK2は尋ねているが(42K2)、J2はそのことに関しても回答せずに、現段階で韓国向けの輸出は行っていないことのみ述べている(43J2)。

42　K2　あの、こちら韓国ですけれども、あの、先ほどおっしゃったSさんにれんらくー〈連絡〉つなげれば、**そういう話し合いは可能でしょうか。**
→43　J2　可能って、その今確認してるー**韓国のほうの輸出、**(はい)**はうちのほう今やってないんです。**
44　K2　あーあ。
→45　J2　そこらへんがあるんでー。
→46　K2　計画はないということですか。
47　J2　今の段階では計画はないです。
48　K2　あ、はい。

43J2の韓国への輸出は今行っていないという答えでJ2は「断っている」つもりであったという。これもまた、できないことをできないと明確に言わない母語場面のビジネスルールを適用していることを示している。

[FI.12]　断り方(1)
　　　J2：　韓国に対してね、わたしの意図は輸出は断っている、正式に。3回正確に断っている。

しかし、45J2で「そこら辺があるんで」といった含意がK2には伝わらず、46K2でK2から「計画はないということですか」と確認されている。話し合いの可能性があるかどうかということはA2とK2にとっては非常に重要なことである。この時点で明確にされなかったため、商談が進行した後半部分(64K2)で、K2は「話し合いだけではーオーケーですか」と自ら確認作業を行っている。このようにJ2の曖昧な回答(43J2と45J2)は、商談後半で

K2に再確認されたようにインターアクションを一層複雑なものにしたことがわかる。

　J2はこのことに関して、フォローアップ・インタビューで「はっきり言わなければいけない」「直接的に言いづらい」「できないことをどう断ればいいのか」「できないと言わなければいけないと英語の先生から習った」経験を思い出したという。

[FI.13] 　断り方（2）
　　J2：　わたしもほら、今英語を先生と勉強してるんですけど、〈回答の仕方について〉先生いわく、**できないことはできないと断らなければいけないんだけど**、それに対して、それ〈できないということ〉とは別に、相手に失礼にならないように、そういう風な、将来的にやるような可能性ももっているんですよ、その時には是非よろしくお願いしますねという会話のほうがいいんじゃんないの、と〈英語の先生に〉言われたんだよね。

　このようにJ2は英語圏のルールを適用し、できないことはできないと断ろうとしたにもかかわらず、実際には曖昧な回答をしてインターアクションを複雑にしたと言える。つまり、相手が外国人ということから英語圏のルールを適用しようとしたが、実際は適用できず、母語場面の通常の商談のやり方をとったと解釈できる。一連のプロセスを表に示す。

表4.12　回答の仕方におけるJ2の適用ルール【事例2】

適用対象	J2の回答の仕方（商談の断り方）
適用ルール	「はっきり回答する」という英語圏ルールの適用の失敗
結果	K2に「曖昧でよくわからなかった」と思わせ3度確認された。J2は「直接言いづらい」、「遠回しな言い方をした」と述べていた。

4.3.1.3　終結前部・終結部

(1)【事例2】

商談が終了する前段階（終結前部）でJ2はK2の使用した待遇表現から相手が外国人であることを意識し、英語を使用したと思われる場面が見られた。

→66　K2　えーと一応、今日あのこういうふうに、**時間を出していただいて**ほんとにありがとうございます。
　67　J2　いいえ。
→68　K2　あとあの今後ですね、こちらから先ほど**おっしゃった**、ただコミュニケーションとそういう目的で、ばー（場）をこちらで用意しといてー、えーとちょっとお願いするかもしれませんけれども、そういうときに**ほんとに負担を持たないで、負担をおもちしないで**、あの、**気楽に、検討していただければ**/と思います。
　69　J2　/OK. Yes. Yes.
　70　K2　はーい。
　71　J2　And、それとわたしどものわたしどもの会社は輸出しないですけど、
　72　K2　うん、

　J2は66K2と68K2の待遇表現（太字）のあとに英語を使用している。フォローアップ・インタビューでは「(K2の言ったことの)意味がわからなかった」と述べていたところであるが、これはK2の待遇表現を聞いてJ2が「K2は外国人」であることを改めて意識し「イエスかノーかが基本」(FI.6)という英語のルールを瞬間的に適用し英語を使用したものと思われる。さらに、商談中はK2のほうと視線を交わすことが多かったが、この時はA2の目を見つめ直接、"OK, Yes. Yes."と英語で答えていた。そして、英語のルールの適用は71J2の"And"まで維持されたと考えられる。
　しかしながら、全く同じ待遇表現に対してJ2が英語を使用しない場合も見られた。

［事例2 ④］
→75　K2　今日はほんとうにえー時間を出していただいて /
　76　J2　 / いいえ、どういたしまして。

J2 は 75K2 の「時間を出していただいて」という表現の後は英語ではなく日本語で応じている。この K2 の表現を「日本人じゃない言い方」とフォローアップ・インタビューで述べていたが、この部分は商談の終結部に当たるため、挨拶を儀礼的に行っている段階であり、交渉の必要性がないため、英語ではなく母語場面のルールに従ったと考えられる。これらのプロセスを下記に示す。

表 4.13　待遇表現に対する J2 の適用ルール 1【事例 2】

適用対象	K2 の待遇表現の誤用
適用ルール	母語場面のルール：正用な待遇表現 / 英語のルール
結果	「意味がわからなかった」「外人だったら Yes か No かが基本」と英語を使用した。

表 4.14　待遇表現に対する J2 の適用ルール 2【事例 2】

適用対象	K2 の待遇表現の誤用
適用ルール	母語場面のルール：正用な待遇表現
結果	J2 は「日本人じゃない言い方」と思ったが、日本語で挨拶を行った。

4.3.2　考察

2つの事例をミクロに分析した結果、事例 1 の J1 は、商談を通して母語場面のルールを専ら適用していたと考えられる。ブースへの入り方、展示物の見方、アジア系企業、アクセント、ラベルについての質問、商談の進め方などについて否定的な評価をしていたのは、これらすべてに母語場面のルールを適用していたためと考えられるからである。ブースへの入り方など話を始める前のちょっとした行動で、J1 は相手が外国人だと理解し、相手の言葉を話せない事実も加わり、不安を抱いていたと述べていた。アクセントに

ついては山田（1992: 13）で「会話において母語話者は容易に観察可能である『アクセント』と非母語話者の文法構造から『外国人』だと判断する」とあるが、J1 はこれと一致している。助詞や指示詞の誤りについては意識しなかったのに対し、アクセントが直接否定的に判断される要因になったということは興味深い。しかしながら、J1 は、K1 が自分と異なる日本語を話すといった意味で、総称して「アクセントが違う」と言ったのかもしれない。また、J1 が K1 の言葉がわからないことによる不安を「アクセントが違う」と表現したのかもしれない。いずれにしても「アクセント」の違いは J1 の感情へ影響を与えていた。

ラベルと商談の進め方はトピックに関するルールということができる。このルールは A1 の属性にかかわらず、コミュニケーションのルールとして適用されたものと考える。ラベルについて気にすることは、フォローアップ・インタビューで J1 が、「一番ひっかかったかなー」と述べており、重要な問題であることがわかる。前述したとおり、このトピックに関しては3回質問を受け、ようやく3回目で J1 は答えている。また、フォローアップ・インタビューでも、大型機械関係の商品の使用用途や使用方法ではなく、外観のことしか聞いてこないというのは、母語場面のビジネスルールから外れていると考えられる。さらに、ラベルという J1 が予期しなかった内容が持ち出されたことも、結果として否定的な評価につながっていたと解釈できた。これに加えて、通常、日本人同士の会話で期待されるはずのトピックが欠如したことも母語場面のルールに反していたと思われる。

雑談の欠如もフォローアップ・インタビューで指摘された点である。なお、外国人ビジネス関係者の雑談の欠如は Marriott & Yamada（1991）や山田（1992）の日豪対照研究でも報告されているが、人間関係を持ち込むと言われる日本のビジネス場面では、重要な役割を担っていることが示唆された。

以上のことを踏まえると、外国人と接触する機会の多い国際展示会でありながら、J1 の商談における受け入れストラテジーは、相手に専ら同化を要請するという同化ストラテジーであると言うことができる。インターアクションに期待するものが両者で異なっている時、その異なりをすべて否定的に捉えていたと言えよう。すなわち、全般的に母語場面のルールに沿って普

段と同じように業務を営み、そのルールを基に評価を行っていた。ルールの相違への気づきがないために、互いを尊重することもなく、また双方の間で新しいルールを創造する手立てが追求されていたとは言えない。

　なぜ母語場面のルールが維持され、新しいルールが生まれてこなかったのだろうか。それはJ1が国内担当であったこと、外国語に精通していなかったため、外国人に対して不安があったこと、韓国などの他文化に対する知識やスキーマがなかったことなど様々なことが理由として考えられよう。第2章【研究1】で述べられた文化習慣の相違（第四因子）に関して、日本人がアジア系ビジネス関係者に、日本の文化的規範といったルールを求める傾向があるという指摘がなされたが、【研究3】でも同様の傾向が示された。

　それでは事例2のJ2はどうであろうか。J2は開始部で韓国系企業に対する懸念を表明しているが、商談を通じて相手が外国人あるいは韓国人であることを尊重し、そのルールを適用することを試みていた。過去の経緯の述べ方やJの社長への連絡行為は日本人ビジネス関係者は行わないが、A2のビジネスルールに沿うものと捉えていたと考えられる。また、相手が外国人であることを意識して、「はっきりいう」「もったいぶったしゃべり方をしない」といった英語圏のビジネスルールを適用しようとした部分が観察された。また、フォローアップ・インタビューでは次のような姿勢を述べていた。

[FI.14]　ビジネス上の関係
　J2:　商談におけるうんぬん〈関係〉は、同等だと思っている。〈略〉あくまでも商売を進めていく過程では同等という感覚で〈成り〉立っていますよね。

　このように相手を同等に見ていることからも、全般的にJ2は同化ストラテジーではなく、相手文化へ歩みよる多文化ストラテジーをとろうとする姿勢があったと解釈することができる。

　通訳（K2）の待遇表現の誤用についても、それを補うように英語で返事をしていたと考えられる。つまり、誤用によりK2が外国人であることを意識

して英語を使用していたと解釈できる。J2 は商談を通して母語場面のルールに固執せず柔軟にルールを採り入れていった。

それでは J1 と J2 の相違はなぜ起こったのだろうか。それは次の J2 のフォローアップ・インタビューから推測できる。

[FI.15] 商談の相違
J2: 〈K2 も含む〉外人さんは駆け引きがない。積極的でしょ。〈略〉日本人の場合はそれ〈その製品〉が欲しくても、その、欲しいといわない。日本人は最初から変に駆け引きをする場合が多いですね、日本人の場合。でもあちらの人、外国の人は意外にダイレクトじゃないですか。これが欲しいからくれって。そういう面では我々としてはありがたい。意思表示がはっきりしてくれるから。〈略〉日本人の場合はそういう、その駆け引きといったらおかしいかな、それが楽しい。ぼくらにとってはそれが営業のテクニック、と思うんですよ。〈略〉日本人も外人さんもおもしろい。

このように、J2 は日本人ビジネス関係者同士の商談と外国人ビジネス関係者との商談との相違に気づき、それを認め、外国人ビジネス関係者との商談で現れる異なりや意外性を肯定的に受け止めていると言えよう。相手が外国人ということで、商談に対する心構えや態度に変化が生じそれを自分の中で受け止め、相手との異なりを認め歩み寄ろうとする態度が見られた。さらに、日本人との商談はその駆け引きが楽しい、日本人も外国人もおもしろいなどと自身の母文化を客観的に評価し、どちらも受け入れようとしている。このような J2 のあり方は多文化ストラテジーを目指していたものと考えられる。

とはいえ、韓国人を相手になぜ英語の先生の話を持ち出し英語圏のルールを適用したのだろうか。J2 にとっての「外人」と言うのは英語圏の外国人あるいは英語を話す外国人という図式が頭の中に存在していたようにも思われる。このことは、【研究1】で示された、欧米豪系出身のビジネス関係者より、アジア系ビジネス関係者が文化習慣を保持しにくい状況にあることと

も関係がある。言い換えれば、外国人は英語圏出身、あるいは英語を話すと日本人ビジネス関係者がどこかで思っている限り、アジア系ビジネス関係者の問題は解決されないように思われるからである。J1は専ら母語場面のルールを適用し同化ストラテジーをとっていた。これは、同化要請をしていたので、アジア系の「文化習慣の相違」という問題点の把握と直接関係があると言えよう。他方、J2は外国人あるいは韓国人であることを尊重してそのルールを適用することを試みており、一見そこにはあまり問題がないように思われる。しかしながら、韓国人であることより英語圏の、あるいは英語を話す外国人という意識が強く働いていたと推測できる部分が見られた。「外人(外国人)＝英語を話す」というステレオタイプはいまだ日本社会に残っていることがうかがえるが、このステレオタイプもまた、アジア系出身者が文化習慣を保持しにくいと感じていることにつながっているのではないだろうか。

多文化社会へ移行しつつある日本社会(岡崎 2002)では、今後ますます、ビジネス関係者を含むさまざまな文化や母語を持つ人を受け入れることになる。そして、以前よりもまして、非英語(母語)話者を受け入れる機会は増大すると考える。また、現に東京、神奈川、群馬、大阪などでは英語を話さない非英語圏の外国人ビジネス関係者によるビジネスの展開も少なくない。このような状況下では、英語圏のルールに必ずしもこだわらない多文化ストラテジーをとることが求められる。つまり、商談の中で当事者同士が、その場に適切なルールを作り上げることが必要である。その結果、両者はさらに歩み寄ることができ、両者の間の距離は縮まると共にその歩み寄る速度も速まるものと思われる。

4.4 まとめ

本研究の目的は、日本人ビジネス関係者と外国人(韓国人)ビジネス関係者と外国人(韓国人)通訳の商談において、日本人ビジネス関係者がどのような受け入れストラテジーを行使しているかを探ることであった。そして、次の研究課題を設定した。

研究課題：日本人ビジネス関係者は韓国人側に対してどのようなルールを適用するのか。

　分析の結果、事例1と事例2では異なる結果となった。事例1のJ1は商談を通じて母語場面のルールを専ら適用していたと考えられる。ブースへの入り方、展示物の見方、アジア系企業、アクセント、トピックの選び方、商談の進め方になどについて否定的な評価をしていたのは、これらすべてに母語場面のルールを適用していたためと言えよう。つまり、J1は、自分とは違うルールをもっているかもしれないという留保をおくことはなかったことから、韓国人側に対して同化を要請するという同化ストラテジーをとっていたと言うことができる。国際展示会という接触場面でありながら、新しいルールを創造する手立ても追求されていたとは言えなかった。【研究1】で述べられた文化習慣の相違（第四因子）に関して、日本人ビジネス関係者がアジア系のビジネス関係者に、日本のさまざまな文化的規範を求める傾向が商談においても見られたと言える。

　一方、事例2の分析の結果は次のとおりである。J2は、韓国系企業ということを開始部で懸念するものの、韓国側の経緯の述べ方や社長への直接連絡行為に関しては、A2のビジネスルールに沿うものと解釈し商談を進めていたと考えられた。また、英語圏のルールを適用しようとした場面も見られた。断わる場面で自分のルールに従った場面も見られたが、全般的に相手に同化を求めず、母語場面の商談との数々の異なりを受け止め、相手と「同等である」と考え商談に当たっていたと言える。それは、つまり、同化ストラテジーではなく、歩みよりの姿勢をもつ多文化ストラテジーをとろうという姿勢であったと解釈できた。

　日本人ビジネス関係者が母語場面のルールに固執せずに、自分とは異なるルールをもっているかもしれないという留保をおけるかどうかが、J1とJ2の差異であったと考える。商談を通じて歩みよりの姿勢を持ち続け多文化ストラテジーをとるということは、現時点では容易なことではないことが【研究3】で示された。外国人ビジネス関係者の問題点を解決するには、一方の当事者である日本人ビジネス関係者に求められる役割が大きいことが本研究

から示唆された。

注
1 例えば、受け入れ側の間には不人気な特定の職業を与え、特定の地域にまとまって住まわせる。その結果、受け入れ側は参入側との接触を社会的に避けることができる。他方、参入側の母語や母文化の保持については、受け入れ側として支援することもある（岡崎 2002: 303）。
2 岡崎（2002）によると、参入側のとるストラテジーのひとつに周辺化ストラテジーがあり、それは自ら積極的にあるいは好んでとるストラテジーではない。同化に努めたにもかかわらず、受け入れ側社会に差別があってできず、その過程で自文化をも喪失していくことによって結果的に生じてくるものと捉えられている。
3 例えば、受け入れ側が参入側との接触を拒み、参入側を一定の職業や一定の地域に隔離する隔離ストラテジーをとる場合、参入側としては分離ストラテジーという選択肢しかない。ところが、分離ストラテジーは、参入側が、集団としての意志一致や意思形成ができず、バラバラである場合には実効が上がらず、周辺化してしまう。また、受け入れ側が参入側に強制的に同化を強いる 2 の同化ストラテジーをとる場合にも、参入側も同化ストラテジーしか選択肢がない。ところが、〈先にも触れたように、〉受け入れ側に民族差別や人種差別などが強く存在し、受け入れ側への同化が満足できない場合には、同じように周辺化してしまうことになる（岡崎 2002: 303）。〈 〉は筆者によるものである。
4 会話では話し手と聞き手の役割が絶えず入れ代わるが、その発言の順番を指す（Sacks, Schegloff & Jefferson 1974）。
5 韓国人ビジネス関係者とのフォローアップ・インタビューで確認された。

資料

【事例1】
韓国人ビジネス関係者（A1）と韓国人通訳（K1）と日本人ビジネス関係者（J1）のインターアクション　/は重なりを示す。〈　〉は筆者による補足である。

1　J1　はい、〈韓国人と目が合う〉
2　K1　あの、いろいろ質問、お伺/い〈したいんですが〉、
3　J1　/いいえ、お願いします。
4　K1　このレールについて、ちょっとお伺いしたいんですけど、ラベルは下でなんで貼っていないのかと、これはレールに付いているものある程度、状況に応じて注文をしてるのかー、
5　J1　いや、これ自体は大量にある程度造ってますから。ただこの先の部分だけがこういうものじゃなくてなにか他のものをいろいろ使ったり、その部分だけ、いろいろ造り分けてーこの部分だけが例えば1個1個、これ自体はあのー大量に一杯造ってます。
　　　〈通訳：A1 と K1 の韓国語でのやりとりを以下、通訳とする〉
6　K1　なぜこの機械には会社のラベルですか、
7　J1　あーはいはいはいはい、
8　K1　そういうのが入らない、入ってないのか、というこ/とと、
9　J1　/はいはいはい、
10　K1　もうひとつはペンキの塗り具合とかも、見てすぐ、けっこうー
11　J1　うーん、はいはいはいはいはい、
12　K1　それがなぜかっていうのを、
13　J1　実際ですね。これーあのーまだーなんていいますか、あのーまだ新製品出して1ヶ月弱なんですよ。これ自体はもう順を追って、いろんな展示会に出しちゃってるんで、そういう時って傷がすごいんですよ。ですから、正直言って、傷のところをペンキで付けただけですから、実際は。
14　K1　そうするとメーカー名は、
15　J1　メーカ名自体はですね、実際、この上のものとこれとは別々なんですよ。

16	K1	別々、
17	J1	うん、ですから実際、これ自体も、この機械も出荷する時にはテープでシーリングされるんですけど、今回はもうーあのこういったものを展示会に出しちゃって、そのままわたしどもも違うところからそのまま、持ってきちゃってるんで、ちょっとそういった貼ることができなかったんですよ。
18	K1	通常は、
19	J1	そうです。通常は申し訳ないですけど、貼ってあります、はい。
		〈通訳〉
20	K1	これと、上のあのーレールの部分ですか、(はい)それとはまた別の会社のもんですか。
21	J1	別の会社のものです。このレールはこちらのとー、
22	K1	彼の会社っていうのは(はい)レールを作る会社で(はいはいはい)、
23	J1	あーそうなんですか。
24	K1	このレールはこれと組み合わせないと使えないんですか。
25	J1	いえ、そんなことないです。あの、これは全く違うんです。ですから他のー全く違うんです。組み合わせはわたしどもが選んで、
26	K1	選んでー、
27	J1	今はだいたいでもーこの会社とここの会社と2件ぐらいですね。はい。
28	K1	ていうのは、
29	J1	そうですね。そういったものになると思いますね。それはまたあの/
30	K1	/値段がいいのがあれば(はいはい)ー通訳なのでちょっとわかりませんが、
31	J1	それはまたーはいはいはい。それはまたお話があれば本社の営業の者にー、
		〈通訳〉
32	K1	そうですね。そういった場合のこれの担当者の、連絡ができるような何かあの連絡先とか、名刺があれば、
33	J1	そうですね。一応ですね、この時点であのーどうしても実際にわたしどもの受けの窓口の者が来てないんであれですけれども。こちらのほうをですね、えーそうですね。こちらのほうにですね。営業本部のほうにですね、あのー電話をまわしていただければ、話の内容を聞いていただけると思うんですよ。例えば、レールを造っていて、わたしのー一緒にやりたいと、話をもっていっていただ

ければいいと思うんですね。営業本部の方に回せば、誰でもある程度対応できるお話できると思うんで。

34 K1 そうですか、わかりました。

35 J1 そうすれば、またお話が煮詰まってくれば、わたしどもの上の者がお話すると思います。

36 K1 はい。〈資料を受け取る。韓国人ビジネス関係者がいなくなる〉

37 K1 彼、あの名刺渡してないんですよね。〈名刺探す〉もうそろそろ終わりですよね。

38 J1 いえいえ。〈笑う〉

39 K1 申し訳ないです。

40 J1 いいえ、

41 K1 後で彼に連絡しまして、

42 J1 あーそうですか。

43 K1 正式に一別の会社の者なんですけれども、これで。〈名刺を渡す〉

44 J1 わかりました。

45 K1 裏のほうに英語で一応書いてあるんで、

46 J1 わかりました。

47 K1 あとで連絡さしあげますんで。

48 J1 そうですか。よろしくお願いします。

【事例2】
韓国人ビジネス関係者（A2）と韓国人通訳（K2）と日本人ビジネス関係者（J2）のインターアクション

1 K2 あっ、すみません、あっ、通訳、担当している（はい）K2 と申します。よろしくお願いします。
　　〈通訳：A2 と K2 の韓国語でのやりとりを以下、通訳とする〉
2 K2 あ、すみません、あの、一昨年、あのーですね、えーとこちらにあのー、伺ってて、で、いろいろちょっと、相談して、あの、話し合ったんですけれども、当時はですね、韓国との、あの、協力を考える、という話でもういちお〈一応〉、終わってて、
3 J2 はい、
4 K2 で、韓国へ戻って、その以後〈その後〉はそちらのせんむー〈専務〉を紹介していただいたんですね、
5 J2 はいはいはい、
6 K2 で、その方にいろいろこちらから、その後にいろいろ連絡したんですけれども、あの全く連絡がなかったんでどういうことかちょっとお聞きしたいということもありますし、（はい）はい、ということで今度また再びまた（笑）伺うことになりましたけれども。
7 J2 去年？
8 K2 あのー一昨年ですね。あのー一昨年と去年。あの一応こちらに、
　　〈通訳〉
9 K2 あの、一昨年は、えーと、J2 さんですよね。あのー、一昨年こちらに来て、あのー J2 さんに多分お会いしたと思うんですけれども、はい。そのじたいに〈その時〉話しあったと思うんです／が。
10 J2 ／はいはい。えーと、今、わたしがまーやった、海外の事業部のほうはうちの S というのが海外のほうは担当してるんですよ。
11 K2 あーそうですか。
12 J2 で、わたしのほうはそっちのほうに、S のほうに、こういうお客さんでといって、やったんで、そのあとちょっとわたしもどうなったか／わからないんだけど、

13 K2 /あ、そうなんですか（笑）
14 J2 で、戻られて、向こうでコンタクトした時に、そのー、連絡がなかった、
15 K2 あ、連絡がなかったということです。あのー、
　　　〈通訳〉
16 K2 えーはい、コンタクトがとれなかったということですね。
17 J2 とれなかった。
18 K2 専務を紹介していただいたんですけれども。
19 J2 専務？専務ってわたしのこと？
20 K2 えーと、
　　　〈通訳〉
21 K2 あの、当時ですね、あの、送っていただいたファックスに専務、の誰かちょっと名前を覚えていないんですけども。紹介していただいて、はい。
　　　〈通訳〉
22 K2 えーと、あの、当時、あの、そち、当時J2さんから、ファクスでですね、あのー多分かいが、海外事業の担当者というふうに、（はいはいはい）えーと紹介していただいたんですね。その方にあの、一応ファックスで連絡して、いたんですけど、連絡がなかったので、あの、で社長にもあのー連絡ーいたしまして、なかなかコンタクトができなかったので、でそういうことでしたけれども。
23 J2 あーはいはい。
　　　〈通訳〉
24 K2 あの、もうもう過ぎてることは過ぎてるので〈笑〉それいいんですけども。あのひとつ伺いたいことはですね。あのー今も、営業担当なさっているからということですけれども、海外での、あの、なんでしょう、市場しんちゅつ〈進出〉、つ〈す〉るっていうことについては、ある程度なんか可能性とか、ある程度可能性とか、そういうことについて考えーてらしゃるんでしょうか。可能性とかある/んでしょうか。
25 J2 /かのうせー〈可能性〉。海外には既に輸出はしてるんですよ。
26 K2 あーはい。
27 J2 それはー、そのーどっちのほうだ、台湾、
28 K2 はい、

29	J2	台湾のほうには輸出してるんですね。で、ある一部、アメリカとかそのヨーロッパとか、あちらのほうにはそのー輸出のほうはまだしてないんですよ。(うんうん)。だから海外事業部として、その、本格的にいろいろなとこに進出していこうという今の段階では計画はないです。
30	K2	あ、計画はないんですね。はい。
31	J2	で、台湾のほうでーーー我々が直接やってるんじゃやなくて、agent(はいはい)、を通じてやっていっていると。
32	K2	あ、はいわかりました。
		〈通訳〉
33	K2	じゃーあのですね、こういう分野に関してですね、えーとどなたと相談していいただければあのー、一番、なんでしょう、情報をいただけま、す、でしょうか。あのJ2さんでしょうか。
34	J2	要するに輸出の /
35	K2	/ 輸出の関係とか、海外事業のことに関してー / ですけれども、
36	J2	/ はーはーあのーわたしどものSというもの、先ほどいった、
37	K2	あーはいはい。
38	J2	が、まー一応メインで、
39	K2	はい。
40	J2	で、我々も、わたしも東京営業所のほう、で、にいるんですけど、まー電話等、展示会とか、いろんな形があった場合わたしが引き継いでやるのはやるんですけれど、えー最終的には常務のほうに、うちのSに言って、Sのほうからいろいろ判断してる。
41	K2	あ、そうなんですか。
		〈通訳〉
42	K2	あの、こちら韓国ですけれども、あの、先ほどおっしゃったSさんにれんらくー〈連絡〉つなげれば、そういう話し合いは可能でしょうか。
43	J2	可能って、その今確認してるー韓国のほうの輸出、(はい)はうちのほう今やってないんです。
44	K2	あー。あー。
45	J2	そこらへんがあるんでー。

46 K2 　計画はないということですか。

47 J2 　今の段階では計画はないです。

48 K2 　あ、はい。
　　　〈通訳〉

49 J2 　だからそこらへんがあったんで、多分、うちの海外事業部のほうも連絡が、そのしなかったのかもしれないですけれどもね。

50 K2 　はい。
　　　〈通訳〉

51 K2 　もう、あの、今のところは台湾だけで、他のところはもうやってないということでしたね。

52 J2 　もうほとんどね。アメリカ、ヨーロッパ、イギリス、はもうやってませんし、えー香港は、香港もやってないですね。それからー、どこだ、東南、えーシンガポール、そういうとこも今はやってないですね。ただその一部だけ。
　　　〈通訳〉

53 J2 　それといろいろな意味で、LC 持ってないんですよ。うち。

54 K2 　あーLC。

55 J2 　だから、そこらへんを取っていくと、いろいろとっていかなくちゃいけないらしいんですよ、なんかそういうの。PI 法の問題で、その企画とか、国によって、その企画とかいうのが、あるらしくて。でそこらへんが、うち、その貿易をする中で許可をもらって、というか免許をもらってない。
　　　〈通訳〉

56 K2 　あの、今のところはですねー、あのお話を聞いていると、やっぱり韓国の市場には、市場への進出というのは、あまり興味、あの関心がないというふうにあの思われるんですけれども。一応でも今台湾のほうには輸出していらっしゃいますし、あの、多分、これからも台湾以外のところでも、海外への進出、可能性というのはある程度考えられるんじゃないかと思われるですが。

57 J2 　実際問題として、われわれも将来的なポジションとしては考えてます。

58 K2 　はい、すみません。

59 J2 　あのー将来的には（はいはいはいはい）いろいろな海外の（はいはいはいはい）進出というのは考えております。（あー）ただえーそれが来年からスタートだとか

再来年からスタートとかスタンスが決まってないんで、(うんうんうんうん)、でその将来的な構想の中に、その海外の進出というのは、していかなくちゃいけない(あー)という考えはもってます(あー)。
〈通訳〉

60 K2 あのーわたしたち、わが社ではですね、えーと毎年、こちらのほうにえーとものあの、見てるし、展示会とか見てるし、えーとけっこういい方向性、方向のほうにちょっともっていきたいな、と思ってるんですね。希望してます。

61 J2 はいはい。

62 K2 ですので、これからも多分あのーあのー御社のほうに、えーといろいろなんかえーと、コンタクトをとりたいと思いまして、お話したいと思っているんですけれども(笑)。(はいはい)あの、そういうことについてはなんか検討していただくことはできますでしょうか。

63 J2 あのーまーそのー、どんな機会なのか、どういう機会が望んでらっしゃるのか、うー、そういうもろもろをじゃー逆に依頼されて、わたしどもが、機会を作って(うーん)現実問題として輸出する(うーん)ということ自体をほら、うちがキャンセルしてるじゃないですか(うーん)。だからそれでいいんであれば、まず、その、(うーん)、話し合い、話し合いっていうんですが。(うーん)、コミュニケーションだけ。(うーんうん)、で、将来的にじゃ、輸出するように(うん)われわれが展開していったときに(うん)その時点ではじめて機械を輸出しましょとか、(うん)いうーものであれば、別にコンタクト、コミュニケーションは差し支えはありません。

64 K2 あー、あの今ただ話しあいという将来的にもう輸出がどうのこうのというま、そこまでは、いかなくても話し合いだけではー/オーケー、

65 J2 /はい、それは別にオーケーです。
〈通訳〉

66 K2 えーと一応、今日あのこういうふうに、時間を出していただいてほんとにありがとうございます。

67 J2 いいえ。

68 K2 あとあの今後ですね、こちらから先ほどおっしゃった、ただコミュニケーションとそういう目的で、ばー〈場〉をこちらで用意しといてー、えーとちょっと

お願いするかもしれませんけれども、そういうときにほんとうに負担をもたないで、負担をおもちしないで、あの、気楽に、検討していただければ/と思います。

69	J2	/OK. Yes. Yes.
70	K2	はーい。
71	J2	And、それとわたしどものわたしどもの会社は輸出しないですけど、
72	K2	うん、
73	J2	えー輸出するー輸出が可能な会社、（うん）、もわたしら知ってますんで、（うんうん）もしそういうものの機会的な接点が（うんうんうん）コンタクトがとれれば（うん）ご紹介してー（あーはいはい）、そちらのほうでまたそのいろんな機械の設備をやられても構いません。
		〈通訳〉
74	K2	ありがとうございます。
		〈通訳〉
75	K2	今日はほんとうにえー時間を出していただいて/
76	J2	/いいえ。どういたしまして。
77	K2	今後もまたお会いできる場があればというふうに、はい、/ということで、
78	J2	/わかりました。
79	K2	今後もよろしくお願い致します。

第 5 章
総合的考察

これまでに述べてきた各研究の結果を踏まえ、本章では総合的な考察を行う。

5.1 本研究のまとめ

経済の国際化、グローバル化に伴い、日本企業と外国企業の合弁や提携、資本参加が増加し、日本人ビジネス関係者と外国人ビジネス関係者の接触する機会も増加している。また日本で起業する外国人ビジネス関係者や、日本の大学を卒業した留学生が日本で就職する数も増加の一途を辿っている。しかしながら、日本語によるビジネス・コミュニケーションについての研究や、これまでの日本語教育への提言や助言を裏付けるような実証研究は依然、不足している。特に、日本で日本語を使用している日本人ビジネス関係者と外国人ビジネス関係者がその接触場面で、実際にどのような問題点を抱えているかについて量的分析と質的分析の双方を行っている研究はこれまでなかった。

本研究では、日本語によるビジネス・コミュニケーションの実態を探るために量的研究と質的研究の双方を行った。母語場面と非母語場面（接触場面）の両方を分析対象とし、その問題点と改善策を探ることを研究目的とした。日本語によるビジネス上の問題点を解明するために、次の研究課題を設定した。

〈本研究の課題〉

> （1） ①ビジネス・コミュニケーションに携わる外国人ビジネス関係者はどのような問題を抱えているか。【研究1】
> ②外国人ビジネス関係者の属性は問題の把握に影響を与えているか。【研究1】
> （2） 母語場面のビジネス会議にはどのような特徴があるか。【研究2】
> （3） 接触場面の商談において、日本人ビジネス関係者はどのような受け入れストラテジーをとっているのか。【研究3】

　研究課題1を解明するために【研究1】を行った。【研究1】では第1に、質問紙を使って外国人ビジネス関係者の感じている問題点を当事者の視点から明らかにした。方法は、まず第1に、予備調査として行った外国人ビジネス関係者へのインタビュー資料をもとに質問項目を抽出し、質問紙を作成した。調査は主に、金融、製造、サービス、商業に従事している外国人ビジネス関係者を対象として実施した。因子分析を行ったところ、4因子が抽出された。それらは、「不当な待遇」「仕事の非効率」「仕事にまつわる慣行の相違」「文化習慣の相違」と命名できるものであった。

　第2に、問題に対する属性の影響を調べた結果、次のことが明らかになった。

1. 外資系企業に比べ、日本企業に勤めている外国人ビジネス関係者は、待遇に不満をもつと同時に、文化習慣の相違について問題を抱えている。
2. 欧米豪系のビジネス関係者は、アジア系と比較すると文化習慣の違いについて問題を感じることは少ないが、仕事の効率が悪いことに不満を感じている。一方、アジア系ビジネス関係者は文化習慣の相違に問題を感じている。
3. 滞在期間が5年を過ぎると、国籍や性別などにかかわらず、日本と自国の文化習慣の相違に対して問題を感じるようになる。
4. 日本語能力、性別、年齢の相違が問題の感じ方に与える影響は認められなかった。

以上、外国人ビジネス関係者は、「不当な待遇」「仕事の非効率」「仕事にまつわる慣行の相違」「文化習慣の相違」の 4 点に問題を感じ、外資系企業に比べ日本企業に勤めている者のほうが、待遇と文化習慣の相違について問題を強く感じていることが示された。出身圏という観点では、欧米豪系のビジネス関係者のほうが、「仕事の非効率」に対し問題を感じていることがわかった。「文化習慣」については、アジア系ビジネス関係者のほうがより強く問題意識をもっていた。要するに、出身圏の違いによって、問題が異なっていることが明らかになった。一方、滞在期間に関しては、5 年を超えた外国人ビジネス関係者が、より深刻に受け止めていた。つまり、滞在期間が長くなり日本での生活に慣れても、解決する問題ではないことがわかった。また、日本語のレベルが高くなっても問題は解決されるものではないことも明らかになった。

　次に、研究課題 2 を解明するために【研究 2】を行った。【研究 1】の結果、外国人ビジネス関係者は「仕事の非効率」を、特に会議について感じていることがわかった。そこで会議のどのような特徴が外国人ビジネス関係者に非効率と感じさせ問題視させているかを探った。具体的には母語場面における会社間会議の場面を取り上げ、その実態を解明することにした。研究課題は Yamada（1992、1997）を踏まえ、第 1 にトピックはどのように展開されるのか、第 2 に、課題決定と人間関係維持とはどのような関係になっているかを設定した。取り上げたデータは、広告代理店同士の雑誌制作に関する 30 分の会議である。会議参加者は 5 名であり、新入社員 1 名を除いた 4 名は既知であった。分析の結果、研究課題 1 に関しては、第 1 に、新出トピックのうち約半分が会議で再度持ち出されることから再生率が高く、トピックが循環していること、第 2 に、トピック展開の中で、表示（シグナル）、すなわち明示的な表現が伴わないこと、第 3 に、トピック変換が、議論を中断させ、参加者内の衝突を回避させていたことも示された。これらの結果は次のように解釈することができる。第 1 のトピック循環に関しては、内容が繰り返され実際に時間を要することから、外国人ビジネス関係者に「必要以上に時間がかかる」「なかなか結論がでない」と感じさせる、いわゆる「非効率」であると解釈できることが示された。第 2 の明示的な表現が使用され

ていないということに関しては、トピック間の関係が曖昧なまま展開していることを意味する。外国人ビジネス関係者にとっては、気がつくといつのまにかトピックが変わっており、話の流れについていけずに理解困難に陥ることが考えられた。そして、その結果、外国人ビジネス関係者に「仕事の非効率」と感じさせていると解釈できる。また、トピックが直線的に進むことやトピックがひとつひとつ完結していくことを期待している外国人ビジネス関係者（Yamada 1997）にとっては、このような展開は彼らの予想に反することであり、結果的に「非効率的」と感じさせている可能性がある。第3のトピック変換が衝突を回避しているという結果は、Yamada（1997）の知見を支持するものであった。トピック変換は話の焦点を他に移すので、対立を避けることができたが、議論を行うことを当然と思う外国人ビジネス関係者にとっては、議論を止めてトピックが変換される意義が理解できず、「非効率的である」と感じさせていると解釈できた。これらの特徴は、特に、「論理的な説得による交渉戦術が重視される」（高見澤 1994: 33）欧米豪系の外国人ビジネス関係者にとっては特に非効率であると感じさせたと考える。

　第2の課題である母語場面のビジネス会議の特徴については、【研究2】によって明らかにした。先行研究では、日本人の会議では人間関係維持が目的である（Yamada 1997）とされている。しかし、本研究では、人間関係に配慮しながら、課題決定を行うプロセスが観察された。それは次のような場面であった。第1に、相手方と意見の対立があった際に、直接その相手と議論し相手を説得するのではなく、相手企業側の第3者的立場の者に働きかけるという場面であった。つまり、会社間の協働的発話の中で、その案件に関しての利点を対立している者に聞かせることで、課題決定を導き、人間関係も維持していたのである。第2に、第1と同様、相手方と意見対立が激しくなった際に、議論を止め相手企業の別の者に冗談を言うことでその場を和ませるという場面であった。要するに、会社間の会議は、人間関係維持のみを目的としているのではないことがわかった。従って、人間関係維持か課題決定かという二項対立ではなく、人間関係を維持しながら課題決定を行っていることが示された。

　このように会社間会議では、課題決定と人間関係維持が双方ともに重要な

ものとして捉えられていたと解釈できた。これらの会社間会議の特徴は、課題決定を重視している外国人ビジネス関係者にとっては、直接議論を行うことを回避することであり、「非効率」と捉えられるのだと解釈できた。

　また、課題決定に向けて、あるいは課題決定過程において、明確な確認作業を行わないまま進めていく場面が見られた。「うん」などという言葉だけが決定を意味し、「紙の厚さは110に決まりました」、「入稿の際、フィルムは受け付けないことになりました」などのように具体的な言い方で決定を確認する作業は行われなかった。

　これは相手が話したことに関して確認することが、相手の面子を脅かし、失礼に当たり人間関係を維持するのにマイナスに働くと考えられているからだと解釈できる。つまり、確認作業を行わないことが、人間関係維持のストラテジーのひとつであると考えられる。

　しかしながら、これは、日本人の間でも逆に誤解を招いたり、話の内容を繰り返すことにつながっていることもあった。そのため、この確認作業を行わないことは、外国人ビジネス関係者にとってはインターアクションを一層複雑化し、「結論のでない」ことや、「会議のやり方に問題を感じる」といった「仕事の非効率」と感じさせるものであることが窺えた。

　これらを総括すると、非効率を感じさせる特徴は、トピックが循環していること、トピック変換時の明示的表現（シグナル）の欠如、衝突を回避するトピック変換であると言える。加えて、人間関係に配慮しながら課題決定を行うプロセス、例えば、意見対立者と直接議論をしないことや、話されたことについて確認作業を行わないことは曖昧さを残すため、非効率を感じさせる特徴であると示唆された。

　次に、研究課題3を解明するために【研究3】を行った。先の【研究1】研究課題1の結果からは、アジア系ビジネス関係者は文化習慣の相違に問題を感じていることが明らかになり、欧米豪系の人より自分の文化を保持しにくいことがわかった。つまり、ビジネス場面で日本人ビジネス関係者が欧米豪系には求めない日本の文化習慣への同化をアジア系には求めてしまい、その結果、アジア系が自分たちの文化習慣を保持しにくいと感じさせてしまう可能性が考えられる。そこで、実際の接触場面を取り上げ、双方のインター

アクションを、日本人ビジネス関係者がどのような受け入れストラテジー（Berry 1992、岡崎 2002）をとっているかという観点から分析することにした。研究対象者は日本人ビジネス関係者2名（【事例1】の日本人と【事例2】の日本人）である。彼らは、通常は日本人の間でビジネスを行っており、外国人とのビジネス上の接触はあまりない環境にある。そうした彼らが外国人ビジネス関係者と接触をもった場合、どのような受け入れストラテジーをとるのかを探った。アジア系の中でも韓国人ビジネス関係者を選択したのは、主に、日本と経済的に密接な関係を有していること、かつ地理的にも近接していること、さらに、媒介語として英語ではなく日本語が使用される可能性が極めて高いという理由からである。日本人ビジネス関係者が韓国人ビジネス関係者と韓国人通訳に対してどのようなルールを適用しているかを分析することから、日本人ビジネス関係者が同化ストラテジーをとるか多文化ストラテジーをとるか（Berry 1992、岡崎 2002）を探った。言い換えれば、分析観点としては、①母語場面のルール、すなわち日本人ビジネス関係者に対して使用しているルールを適用している、②相手が外国人ということを意識して、英語または相手の国（韓国）のビジネスルールを適用している、③どちらかと決めないで当事者（日本人と韓国人双方）がその場に適切なルールを作り上げている、の3点である。①の場合は同化ストラテジーであり、②と③の場合は多文化ストラテジーと解釈することができる。

　分析の結果、J1は、ブースへの入り方、展示物の見方、アジア系企業、アクセント、トピックの選び方、商談の進め方について母語場面のルールを適用し、そのルールから逸脱しているとして否定的な評価を行っていた。つまり、J1は韓国人側に自分と同一のルールに基づくことを期待するが、その期待は実現されなかった。そして、韓国人に対し否定的な評価を行ったと解釈できる。商談を通じて、J1は自分とは違うルールをもっているかもしれないという留保をおくことはなかった。つまり、相手に同化要請をする同化ストラテジーをとっていたと言うことができよう。したがって、双方の間で新しいルールを創造する手立ても追求されていたとは言えなかった。【研究1】で示された文化習慣の相違（第四因子）に関して、日本人ビジネス関係者がアジア系ビジネス関係者に、日本の文化的規範やルールに従うことを求

める傾向が【研究3】でも見られた。

　【事例2】で使用したデータは、【事例1】と同様に国際展示場で採取されたものであり、内容は韓国人ビジネス関係者が機械の輸入を望んでいるという点で類似している。それにもかかわらず、日本人ビジネス関係者(J2)は事例1のJ1とは異なる傾向を示した。経緯の述べ方や社長への直接連絡をとった行為に関しては、日本のルールには違反しているが、相手方(A2)のビジネスルールに沿うものであろうと解釈していた。また、韓国人通訳(K2)の待遇表現の誤用に対しては、それを補うように英語を使用しコミュニケーションを促していたと考えられた。このようにJ2は自分のルールを固持しなかったと言える。

　J2は最終的に商談で、今後、韓国人ビジネス関係者(A2)と話し合いをもつことを承諾している。さらに、J2はA2に対して、韓国への輸出が可能な別の日本企業を紹介すると述べるに至った。つまり、これは、この商談が一定の成果をあげたことを示している。J2が韓国側のやり方、例えば、社長へ直接連絡をとった行為や商談の進め方等、すべてを否定的に評価していたとしたら、商談は進展しなかったと推測できる。言い換えれば、J2は全般的に相手に同化を求めず、母語場面の商談とのいくつかの相違を異なりとして受け止めていたと解釈できた。そして、フォローアップ・インタビューでJ2は商談相手について「同等だと思っている」ことや、日本人の場合と外国人の場合とでは商談に対する心構えや態度が異なっていたことを述べており、外国人との商談で表れる異なりに気づき、それらを受け止めていたことがわかった。つまり、自分とは異なるルールをもっているかもしれないという留保をおけるかどうかがJ1とJ2の差異であったと考える。J2は同化ストラテジーではなく歩み寄ろうとする姿勢を持っていたという点で多文化ストラテジーを目指していたと言える。

　ただし、J2が商談において心理的に相手に歩み寄ることと、言語行動上、歩み寄ることには差異があることも観察された。心理的な歩み寄りが言語行動に反映する多文化ストラテジーをとることは容易でないことが示唆された。J2の行動は英語母語話者を念頭に置いたものであり、この場にいた韓国人ビジネス関係者に対して適切なものとは言い難い面があったからであ

る。また、英語母語話者についての知識をもつ一方で、韓国の企業については「コピー製品を造る」といった否定的な知識が先行していることも今回の研究で明らかになった。この結果は、【研究1】で示されたアジア系外国人は母語文化の維持が難しいという事実の一端と考えられるものである。これらのことから、外国人ビジネス関係者の感じている文化習慣の相違に関する問題点を解決するためには、一方の当事者である日本人ビジネス関係者に求められる役割が非常に大きいことが示唆された。

　本研究では、日本人と外国人のビジネス上の問題点を実証研究で明らかにした。これは次の点で先行研究に新しい知見を加えたといえる。第1に、実際に【研究1】の外国人ビジネス関係者が直面している問題点が「不当な待遇」「仕事の非効率」「仕事にまつわる慣行の相違」「文化習慣の相違」と命名できるものであり、さらに属性との関係を明らかにし、次(5.2)に述べる外国人ビジネス関係者への支援の方向性を見出した。これは水谷(1994)で述べられた外国人ビジネス関係者の直面している問題点を明らかにする意義を踏まえたものであり、本研究で得られた知見は「外国人ビジネス関係者への支援と日本人の日本語観の再構築」(水谷 1994: 15)に貢献したと言える。第2に、「日本的なコミュニケーションの方法が問題を起こしているのは事実」、「(日本的なやり方を)無意識に用いてトラブルを巻き起こす」(水谷 1994: 15)という指摘に対し、実際に、外国人ビジネス関係者にも日本的ルールをさまざまな点で適用し、無自覚のうちに日本人ビジネス関係者は日本式ルールへの同化を求めていたことを実証した。第3に、母語場面の会議を、主にトピック展開と、課題決定と人間関係維持の関係の観点から分析し特徴を見出したことは、日本人自身のビジネス・コミュニケーション・パターンの分析という新たな研究が必要であるという提言(西尾 1994)を踏まえたものである。分析の結果、外国人ビジネス関係者にとって非効率と感じられる要因が、トピックの循環、衝突回避のためのトピック変換、決定事項の明言回避などを示し、新たな知見を与えた。第4に、会議において「決裂を回避し、なんとか妥協を達成するためのさまざまな表現方法が工夫されているが、それらが曖昧な原因になっている」(高見澤 1994: 32)という指摘を実証的に裏付けた。これまでも同様のことは言われていたが、実際に「さ

まざまな表現」がどのような表現を指すのかについては言及されてこなかった。この点について本研究では実際の会議場面を分析することで、そのままの表現を記述するだけでなく、表現以外の要素である沈黙やトピック変換もまた日本人ビジネス関係者の「工夫」のひとつであることを見出した。第5に、日本とのビジネスは時間を要するといった外国人ビジネス関係者の見解(JETRO 1996)があるが、なぜそのように感じさせるのかについて会議場面の実証的分析を行い、トピック循環や進行役が不在であること等そのいくつかの要因を示した。

接触場面で外国人ビジネス関係者の感じている問題点を解決するには、日本人自身が実態を知ることが必要である。また、外国人ビジネス関係者やその周囲の関係者のみならず、今後、国内、海外問わず、外国人ビジネス関係者とビジネス上関わる可能性のある者が実態を知ることも重要であると考える。

次に、本研究で得られた知見を基に、日本語によるビジネス・コミュニケーションに関わるそれぞれの立場に対し以下に提言を述べる。

5.2 日本語教育関係者への提言

岡崎(2002)では、日本語教師の役割を、「調整者(コーディネーター)」、「触媒者(ファシリテーター)」、「代弁者(アドヴォゲーター)」という3つの役割として再定義を試みている。第1の調整者とは、日本語母語話者と非母語話者の間を取り持ち接触場面を設定する役割とし、これまでのように、教師がまず非母語話者に日本語と日本文化を教え、それらを習得したら一人前と認めて非母語話者を母語話者との接触場面に登場させるという順を踏むことに疑問を投げかけている。つまり、母語話者と非母語話者を共有のテーブルにつく場、両者が共存する場を学習の場と考えることを提案している。そして、両者が共存する場、言い換えれば接触場面の場をいかに作るかが課題となり、それを担うのが調整者としての日本語教師であると述べている。第2の触媒者とは、双方をひとつの場に参加させた上で、そこでの双方向の学習をどう実現するかという点における学習面での役割としている。第3の代弁

者とは、受け入れ側に向って、参入側になり代わって説明したり参入側を擁護したりする役割であり、参入側との差異や不足をそのまま理解し受容することを受け入れ側（日本語母語話者）に求める立場であると論じている。

これらの役割は、地域の生活者を対象とした日本語支援の現場では既に浸透しているところもある。他方、外国人ビジネス関係者への日本語教育においてはまだ認識されているとは言えない状況にある。それは、全体的にビジネスで生じている問題を解決し、どのようにして共存していくかという認識が不足しているからである。そこで、まず、日本語教師が率先して、調整者、触媒者、代弁者という3つの役割を担っていくことを提案したい。前述の岡崎（2002）で得られた知見を踏まえ、本研究から得られた結果から日本語教師への提言を以下に述べたい。

日本語教師は、まず、外国人ビジネス関係者がさまざまな言語以外の問題を抱えていることを十分に認識することが求められる。文化への違和感は長く滞在しても消えることがなく、時間が経つことによってかえって顕在化する（【研究1】参照）。そのため、日本語教師は、言語そのものの習得への注目はもとより、その背後にある文化、それも日本の文化のみならず、外国人ビジネス関係者の文化の双方に配慮することが求められる。その上で、調整者として教室の場に日本人ビジネス関係者を呼び込んでいくことが望まれる。そして、教室では教師あるいは当事者がさまざまな事例を示すことによって問題提起を行い、外国人ビジネス関係者と日本人ビジネス関係者が共にひとつの課題について考え討論することが可能になる。このような場を提供することが日本語教師の役割であると考える。

具体的にいくつかの取り組みを紹介したい。まず、カリキュラムにビジネス関係者同士の企業訪問や懇親会等を取り入れることである。これは、既にビジネス・スクールでの成功例（佐野1994、秋山2000）として実際に報告されている。これらを踏まえ、筆者も「場作り」として企業訪問を実践したが、初回は特に調整者としての役割は効果的であったことが実感できた。日本語教育関係者がその場に介在することで、日本人ビジネス関係者と外国人ビジネス関係者の双方の先入観を排除し緊張が和らぎ、新しいルール作りが可能な雰囲気を作りだすことができたからである。他方、懇親会に関しては、日

本人ビジネス関係者との交流のみならず、学習者以外の外国人ビジネス関係者との交流も、気付きの契機となり相乗効果を生んだ。参加者からは滞在経験豊富な先輩（例えば自国の先輩）の意見を聞くことは、大変参考になったという意見が多かった。加えて先輩である外国人ビジネス関係者とのメールでの意見交換を促し、懇親会後に外国人ビジネス関係者自らが場作りをすることを奨励した。これらのことを通じて、職場を越えたネットワークが作られ、自分が抱える問題を共有する仲間がいるという意識がもてるからである。

次に、会議に関しては、実際に日本人ビジネス関係者と会議をする機会を作ることである。本著で紹介したような実際の会議の事例を紹介し（【研究3】参照）、日本人ビジネス関係者の会議の特徴について双方が話し合いをすることができる。人間関係を維持しながら、いかに課題決定を行っているかについても両者に示すことで話し合いが促進される。これまでは母語話者場面をモデルとして示すことが日本語教育の現場で行われてきたが、外国人ビジネス関係者がモデル会話を暗記するだけでは不十分であり、実際のビジネスでは通用しない。実際の事例をもとにシミュレーションを行い対応策を検討するほうが重要である。商談や会議のデータをリソース[1]にすることで議論や問題解決を行うことが可能となる。

このような人的交流は、「内容やテーマをめぐって協同的に学習する文化的実践」（西口 1999: 15）であると解釈でき、学びの経験を参加者全員にもたらすことも可能にしていく。日本人ビジネス関係者と外国人ビジネス関係者がひとつの場にいることで、互いの日本語を理解し、背景にあるビジネス慣習や母国の文化を触れ合うことができる。ビジネスにおける共生というのは、このようなことから創生できるのではないだろうか。一連の教育的働きかけの中で調整者、触媒者、代弁者としての役割を日本語教師が認識し実践に当たることが必要であると考える。

つまり、現在日本語教師に早急に求められることのひとつは、人的交流の機会を作るために、企業関係者との仲介をする仲介者としての役割である。企業は経済動向により、これまで言語というものを重要視したり軽視したりしてきた。外国人ビジネス関係者が日本語の学習を積極的に支援する時期と

そうでない時期が見られた。今後、言語投資の重要性を企業に認識させるために、日本語教育関係者は積極的に企業に働きかけていかなければならない。

　その際に企業から求められるものは、学習に関する到達目標、評価と達成度の提出となるであろう。ビジネス関係者への評価の方法としては、「状況に埋め込まれた」(レイヴ・ウェンガー 1993) 日本語による実践がどのように行われているのか、その評価法の立案を目指したい。それは、ビジネスの場合は、業界、部署等によって求められる日本語能力が異なるからである。これまでは企業に対して、学習者の成果や授業報告を提出することはあっても、定められた期間内での到達目標を示すことはほとんどなされてこなかった。しかし、今後はそのための客観的で妥当性のある評価を行うための基準作りが必要となる。その努力が企業の言語投資の理解へとつながると考える。既に、日本語能力試験や JETRO のビジネス日本語能力試験のような試験は存在しているが、そのような試験とは別に、個々のビジネスの場面での日本語による運用状況を把握することが重要ではないだろうか。例えば、学習者個人のニーズ分析[2]を基にして個々の評価を行うこともできるし、また、職務遂行に要する日本語力を明らかにし、日本語の難易度によって段階付けの記述をした Can-do-statements (品田・吉田・内海 2005) の作成も期待される。

　近年、認知科学の分野では学習に関しての新しい知見が得られ、日本語教育関係者に日本語学習に対する認識の改革を促す契機を与えている。それは状況論的学習論であり、そこでは、学習とは個人が知識を受容するのではなく、個人が共同体においてコミュニケーションを通じてそれぞれ実践するプロセスであり、全人的な変容であると考えられている。これまでの日本語教育の現場では、主に習得すべき文型や語彙、表現とその運用に焦点が置かれてきた[3]が、その考え方の見直しを喚起している。岡崎・岡崎 (1990) では、コミュニカティブ・アプローチの今後として、学習者そのものへの注目が課題として挙げられていたが、これは学習者への注目という点で通ずるものがあると思われる。佐伯 (1995) は、学習を、共同体の成員としての文化的実践への参加であると定義している。このような状況的学習論から見ると、会

社の一員として仕事に従事しながら日本語を学習する外国人ビジネス関係者は、正に仕事という文化的実践に参加しながら日本語によるビジネス・コミュニケーションを状況的に学習していると捉えることができる（保坂・品田・近藤・島田 2000）。西口（1999）は、状況論的学習論の観点から、「日本語教育で創るべきものは、『日本語がよくできる（日本語非母語話者の）わたし』という熟練のアイデンティティである」と論じている。つまり、それは行動する場面の特性やその背景を知っていること、自己実現のために日本語を知っていること、といった自己認識を意味しているという。そして日本語教育とは、学習のためのリソースが巧みに構造化された「学びの経験」を編成することであると西口（1999）は解釈している。その解釈に基づくと、外国人ビジネス関係者が日本語でビジネス・コミュニケーションを行う際の「熟練のアイデンティティ」とは、仕事の効率性と信頼性を日本語で実践、獲得できる自己認識と考えられる。日本語教育関係者はそういった意味で、自律学習（岡崎 1992、斎藤 1998 など）を促し自己実現を可能にするまでの「介添え人」、「調整者」、「触媒者」、「代弁者」、企業へ働きかける「仲介者」として多角的に支援していくことが必要といえよう。

　状況的学習論を踏まえ、クラス[4]を日本語学習の共同体と見なしその実践を分析したいくつかの報告（西口 1998、岡崎 1998、Ohta 2000）がある。これらを参考にしながらも、状況的学習論の本来の在り方である社会的実践の観察という点で、実際のビジネス場面で何が起こっているかということに対してこの理論を適用することも重要なことではないだろうか。

　また、日本語教育の中心にまず外国人ビジネス関係者に対するニーズ調査を置くという視点はこれまで西尾（1995）でも指摘されているが、「共生日本語教育」（岡崎 2002: 332）の一環としては意識されていなかった。つまり、外国人ビジネス関係者の日本語教育は、これまで外国人ビジネス関係者が帰国することを前提としていたために、日本語教師の側も共生という意識が欠如していたと考える。現在、外国人ビジネス関係者が多様化し、そのプロトタイプ（典型）が崩れてきているということもあり、外国人ビジネス関係者は「主に欧米出身の企業勤務者」というイメージも崩壊している。激動期にある日本社会、日本経済においては、ビジネスの上でも韓国人や中国人をは

じめとしたアジア系の外国人ビジネス関係者、そして中南米等の日系人[5]なども視野に入れ、共生日本語という理念の下に、日本語教育に当たる必要がある。今後、日本企業、外資系企業という枠組みも外れた多国籍企業が日本においても増加することが考えられ、日本語の役割は拡大することが予想できる。言い換えれば、企業の言語投資という視点が不可欠であり、企業にその重要性を理解させるという日本語教師の役割は重要である。例えば、企業の社会的評価が、その企業が環境にいかに優しいか、という環境への貢献度でされているように、今後の多文化共生社会では、言語投資によって社会的貢献度が評価される時代がくるかもしれない。現在、そのようなことに関心のない企業の意識が変わるためにも、日本語教師の新しい役割が期待される。

　以上のことを総括すると、日本語教師は、調整者、触媒者、代弁者、仲介者、介添え人といった役割が期待される。つまり、ビジネス分野においてもますます日本語教育関係者に求められる役割は拡大するため、これに見合うだけの教師自身の成長が大きな課題となることは確信できる。

5.3　日本人ビジネス関係者への提言

母語話者場面と接触場面の双方を分析した結果、外国人ビジネス関係者の問題を解決、改善するには、まずは日本人ビジネス関係者に求められる点が非常に大きいことが明確になった。両者がビジネス・コミュニケーションにおいて歩み寄るために、ここでは日本人ビジネス関係者への提言を述べる。まず、言語行動に関して、外国人ビジネス関係者にとって不明瞭に感じられる特徴を、【研究2】の日本人会議の特徴の中から示す。日本人ビジネス関係者が問題の所在を認識することで、外国人ビジネス関係者の誤解や問題が解決すると考えるからである。①議論を中断しトピック変換をする意味が不明瞭、一方で、②継続型[6]トピックが多く、話の切れ目がわかりにくい。③決定事項が不明瞭、④ビジネスの部分とそうでない部分（人間関係への働きかけ、雑談、冗談）が混在している（混在は文末表現や語彙の選択に反映）、⑤曖昧な回答、⑥対立の回避、⑦話の全体像が見えにくい、⑧確認の欠如な

どである。これらのことを改善するには、日本人ビジネス関係者の理解と努力、協力が必要不可欠である。

　他方、心理的側面はどうであろうか。まず、日本人ビジネス関係者はエンパワーメント (Cummins 1987) という概念を思い起こす必要があるように思われる[7]。エンパワーメントとは、「パワーを協力して創り出すこと」(カミンズ 1997: 179) であり、その関係（パワーリレーション）には、強制的なものと、協力的なもの[8]があると言われている。【研究3】の【事例1】で示されたインターアクションは、双方が協力を通じてエンパワーされるものではなかった。Cummins (1987、1997) は教室内のインターアクションを中心にエンパワーメントについて述べているが、教室であろうとビジネスであろうと同じことであり、我々個人がお互いに協力的なパワーリレーションをインターアクションの中で促進していかなければならないと考える。

　さらに、「受け入れストラテジー」(岡崎 2002) に従って【研究3】の【事例1】と【事例2】の日本人ビジネス関係者を当てはめ心理的側面を考えると、【事例1】のJ1は同化ストラテジーを、そして、【事例2】のJ2は多文化ストラテジーをとろうとしていたことがわかった。しかし、本論で述べてきたように、後者は、相手に対して断り方を曖昧にするなど、その態度が発話に反映されない部分があった。心理的には多文化ストラテジーであっても部分的に言語上、同化ストラテジーをとってしまう恐れがあることが示された。つまり、心理的な歩み寄りが明示的に言語行動に反映されるには、今後も困難が伴う可能性があると言える。だからこそ、日本人ビジネス関係者の長年の慣習に基づいているコミュニケーションのあり方を、本研究で得られた知見を基に再考することからはじめることを提案したい。

5.4　外国人ビジネス関係者への提言

外国人ビジネス関係者は、日本人ビジネス関係者の中でも同化を求める者と歩み寄ろうとする者とが存在することを、当事者の一方として認識する必要がある。そして、歩み寄ろうという意識が日本人ビジネス関係者にあっても、長年根付いた日本語の言語行動を、瞬時に変えることは容易なことでは

ないことを理解してほしい。周囲の日本人ビジネス関係者の言語行動と非言語行動をよく観察し、それを到達目標とするのではなく異なりとして認めあうことが外国人ビジネス関係者にも必要ではないだろうか。

日本人が行う会議については、外国人ビジネス関係者が母国等で経験したものとは異なる点も多い。例えば、会議ではトピックが循環し、同じ内容が話されることもある。また、トピックが明示されずに移行することも見られた。人間関係を維持することは、決定がなされることと同様、日本人ビジネス関係者にとっては重要であることが窺われた。確認作業がないため、外国人ビジネス関係者には理解しにくい面もあると思われる。しかし、これらの多くは、実際には日本人ビジネス関係者の間では、ある意味自然に営まれていることである。日本人ビジネス関係者が改善する必要がある点もあるが、外国人ビジネス関係者もまた、異なりとして受け止め、歩み寄る姿勢を持つことを提案したい。

商談では、企業の国籍を日本人ビジネス関係者は重視していたことがわかった。ビジネス面では企業がどこの国かということが日本人ビジネス関係者の中で、あるイメージやステレオタイプを生み、それが商談に大きく影響を与えていた。そのため、既に与えた否定的なイメージがあれば、外国人ビジネス関係者はそれを商談に先立って払拭するような努力が求められる。初対面の場合は、特に商談開始部で日本人ビジネス関係者は相手に対し敏感になることが多いので、そのことを考慮して商談に当たる必要がある。

日本人ビジネス関係者は議論をすることに積極的ではない傾向がある。そのような相手と議論を行おうとする場合は、なぜこの時点で議論する必要性があるかを明確に説明することが望ましい。日本のビジネス社会が急激な変化を遂げている中で、日本人は、現在、外国人ビジネス関係者とのコミュニケーションのあり方を模索している。また、戸惑いを感じることも多い。そのような立場を理解した上で、外国人ビジネス関係者も日本人ビジネス関係者に歩み寄り、ビジネスに携わることを提案したい。日本人ビジネス関係者と外国人ビジネス関係者双方の間で新たなコミュニケーションのあり方やルールが創造されてこそ両者の間の関係は有用なものとなっていくと考える。

5.5　通訳養成に向けて

非日本語母語話者の通訳が商談に介する機会は今後、一層増加するものと考えられる。しかしながら、日本では日本語通訳の養成の重要性はあまり認識されておらず、積極的に行っている日本語教育機関はほとんどないというのが現状である。通訳は、実際のビジネスの場において両者の間を調整する役割を果たすものである。また、通訳がビジネスの行方を左右する場合もある。【研究3】の事例で見られたように、通訳のアクセントや立ち居振る舞い、待遇表現の誤用が商談に影響を与えていた。また、通訳自身も日本人ビジネス関係者と韓国人ビジネス関係者の両者の間で、どちらのルールを適用するかに揺れたり、待遇表現の選択に戸惑ったりしていたという事実がある（近藤 2001）。ビジネスの通訳養成に向けて専門コースを確立することが日本語教育界における早急な課題といえる。

5.6　多分野との連携

日本人ビジネス関係者と外国人ビジネス関係者の接触場面における問題点を解決するには、ビジネス関係者以外の多分野との連携も必要である。多分野といかに連携がとれるか、現在、「プラットフォーム」（保坂・品田・近藤・島田 2000）を築くことを引き続き目指している。ここでいう多分野とは、共同体、大学、学校、外国人児童、研究者等との多岐にわたる分野との連携の意味である。

　今後の日本社会では、岡崎（2002）も指摘しているとおり、少子高齢化による労働力減少問題の解決策として外国人労働力が政策化されつつある。現在はまだ外国人ビジネス関係者は日本社会での一時的労働者と考えられていることが多いが、今後はその形態も多様になるであろう。そして、外国人ビジネス関係者の定住化と同時に生じる問題は複雑化するであろう。

　労働力の受け入れは家族、生活、教育と密接に関わってくるのは明白である。日本の言語政策や労働者受け入れ政策に依然、指針のないままに受け入れのみが進められていくと、必要な支援が受けられず問題化する外国人が現

れたり、外国人を受け入れることができずに摩擦を生む日本人が現れたりするだろう。真の意味で多文化共生社会を目指すのであれば、義務教育の段階から日本語のビジネス・コミュニケーションを念頭に置き、さらに、それを包括するような多文化受容の精神の育成を取りいれた教育が必要なのではないか。それには企業との連携も不可欠である。社会人になってから、意識を改革するのは容易なことではない。もっと自然な形でさまざまな場面での共生について早い段階から学ぶ機会が与えられるのが得策だと考える。

現在、日本は多様な意味で激動期にある。経済、政治、そして社会が変容を遂げている。ビジネス上の相互理解は双方の経済発展を生むことにもつながっていく。しかし、経済発展や景気回復といったマクロ的視点のみならず、個人の行動によって生じたひとつひとつの小さな誤解を解消するといったミクロ的視点も不可欠である。日本のビジネス社会では、現在、主に景気の動向に注目が集まり、基盤であるコミュニケーションについてはその重要性がさほど認識されていない。ビジネス・コミュニケーションは、単にビジネス社会のことだけでなく、異文化問題を含んでいると同時に、これからの真の多文化共生社会を創生することに深く関わっていくことになるであろう。多国籍企業の数も増加傾向にあるが、本研究で提案するそれぞれの立場のあり方が、互いの理解と協力のもとに、問題点が解決できるような新しい「日本語によるビジネス・コミュニケーション」というスタイルを創り出すことになると考える。また、本研究が、ビジネスにおいて多文化共生社会のダイナミックなルール構築の基礎資料となることを希望している次第である。

5.7 今後の課題

本研究は日本人と外国人のビジネス上の問題点に関する実証研究であった。【研究1】では量的研究を、【研究2】と【研究3】では質的研究を行った。が、本研究で得られた結果を基に、さらにデータを増やし研究を進めていく必要がある。というのは、多文化共生社会で日本人ビジネス関係者と外国人ビジネス関係者の創り上げるルールやそのプロセスを論じることは重要であると

考えるが、現時点ではそのような段階には至っていないからである。研究を進めていく上での第1段階として、日本人と外国人の間で既に生じている問題点や問題点に対する外国人の意識、日本人の言語行動等を把握することが先決であると考え、さらなる研究のための基礎研究が本研究である。本研究を発展させるための今後の課題として次の点を挙げておきたい。

第1に、研究の対象者に日系人をはじめとした定住ビザをもっている者も視野に入れることである。本研究では就労ビザを所有しているビジネス関係者を対象にその問題点の解明を行ったが、外国人ビジネス関係者全体の特徴を見出すには、定住型のビジネス関係者の分析も行う必要がある。本研究で示された問題点とは異なる問題が生じている可能性は高いからである。

第2に、【研究2】を踏まえ、公式的な会議場面についての研究を行うことである。【研究2】の会議に関しては日本語母語話者の公式的ではない会議を取り上げた。しかし、座長を伴うような公式会議についてはまだ分析がされていない。公式会議を取り上げ、【研究2】と同様の分析を行うことで、日本人の会議の全体的特徴を見出すことができると考える。

第3に、外国人と日本人が同席する会議や、外国人が母語で行う会議の分析を行うことである。2番目の課題と同様、この課題を行うことで、【研究2】との対照研究が可能になる。【研究2】を基礎として、さらにデータを増やして研究を進めていくつもりである。

第4に、欧米豪系ビジネス関係者と日本人の商談の研究を、【研究3】の結果を踏まえ行うことである。【研究3】では展示会での日本人と韓国人の商談の分析を行ったが、これは「日本人が特に、アジア系の外国人に文化的同化を求める傾向がある」という【研究1】の考察を実証するためであった。しかし、欧米豪系の外国人に対して日本人がどのように振舞い受け入れていくのかといった疑問が残る。欧米豪系に対しては、アジア系に対する時とは日本人の態度が異なることが予測されるが、どの点で異なるかは実際に分析してみなければわからない。予想されるのは、日本人が欧米豪系に対し、地理的または心理的に距離を感じ、自分（日本人）と違うというイメージが強く、それが過剰に働き、アジア系の時とは違う解釈を生み出すことである。他方、「違うもの」と予測したものの、実際にはそれほど相違点がなくその

予測が外れて誤解を招いていることも考えられる。

　また、今後はビジネスで必要とされるコミュニケーション能力を明らかにし、その結果をもとに、外国人と日本人双方のビジネス・コミュニケーション能力の養成を目標とする共生日本語教育の構築を図りたい。

　本研究をさらに発展させるためには、データ収集が大きな課題である。今回は企業やビジネス関係者の協力を得るのが非常に困難であったために、扱ったデータには限りがあった。この限界を打破するためには、一層企業に理解を求めるように、筆者自身努力し引き続き対策を取っていかなければならない。企業に研究の必要性を訴えていくことが、日本語教師としての役割でもあると考え積極的に取り組んでいきたい。本研究がビジネス上の問題点の解決の一助となるべくさらなる研究を重ねていきたいと考えている。

注

1　その取り組みのひとつとして、【研究2】で示した広告代理店営業担当者の会議を基にリソースを作成している。母語場面の営みがいかに成立しているかが示されれば、日本人ビジネス関係者と外国人ビジネス関係者の双方の学習支援のリソースとして活用できると考える。生データの記述は社会文化的な情報が豊富にある。課題をどのような方法で達成しようとしたか、どのように相手に働きかけるか、人間関係はどのように維持されるか、そして調整するかといったことを含んだリソースは、静的な教科書の会話より、利用者のニーズに適応できると考える。
2　教育現場において、「従来以上にニーズ調査やニーズ分析が重要となることが考えられ」、「共生言語としての日本語の学習の必要性を訴え納得を求めることが前提となる」(岡崎 2002: 312)。
3　西口 (1999: 7) では、「これまでの個体主義的で主知的な学習観から社会実践論的な学習観への転換である」と述べられている。
4　ビジネス関係者対象のクラスではない。
5　特に日系人や配偶者が日本人である外国人の場合は、定住型外国人と言えるので、一層地域との関係が密であることはいうまでもない。本研究のデータには日系人は含まれていないので、その実態の解明等は今後の課題としたい。

6 継続型とは、先行トピックの終結後、直ちに後続トピックが開始される場合である(村上・熊取谷 1995: 103)。
7 Cummins(1987)は、学校の教室で階級や人種、文化的な背景といった社会的要因に関係なく、学習上の成功を導くためにはどのようなインターアクションが必要であるか、といった研究から出発した。
8 カミンズ(1997: 179)によると、強制的なパワーリレーションは「支配的なグループ(あるいは個人あるいは国)による従属的なグループ(あるいは個人あるいは国)を害するようなパワーの行使」であり、パワーの量は一定であるという。協力的なパワーリレーションではパワーは加算的であり、個人間やグループ間で生成されるという前提に立っている。エンパワーされるということは、それぞれの協力を通じて「自分自身のアイデンティティにおいて肯定的に認められることであり、自分の生活や周囲の社会的状況に変化をもたらすことができるという感覚をもてるということ」である。それは通常、言語あるいはディスコースの中に反映されると考えられている。

参 考 文 献

秋山和平(1994)「ビジネス・コミュニケーションにおける『話ことば』の役割と課題」、『日本語学』、13(12): pp.38–45. 明治書院.

浅岡高子(1997)「ディナーパーティーにおける日本人とオーストラリア人とのコミュニケーション問題」、『日本語教育論文集―小出詞子先生退職記念』、pp.45–53. 凡人社.

新井郁夫(1995)「日本人の異文化接触とアイデンティティ」、『異文化間教育』、9: pp.37–51. アカデミア出版会.

新井郁夫(1995)「異文化リテラシー育成のための教育課題」、『異文化間教育』、11: pp.5–23. アカデミア出版会.

アルク(1992)「特集 外国人ビジネスマンと日本語」、『月刊日本語』、5(11): pp.5–21.

池田伸子(1996)「ビジネス日本語教育における教育目標の設定について―文化・習慣についての重要性を考える」、『ICU日本語教育センター紀要』、5: pp.11–24.

池田伸子(1996)「日本人ビジネスマンの話し言葉における語彙調査」、『日本語教育』、88: pp.117–127. 日本語教育学会.

池田伸子(2001)『ビジネス日本語教育の研究』、東京堂出版.

李志暎(2001)「ビジネス場面における『確認要求』発話の効果―受け手の応答に対する後続発話の展開を中心に」、『学芸日本語教育』、3: pp.17–31. 東京学芸大学.

李志暎(2002)「ビジネス日本語教育を考える」、『第二言語習得・教育の研究最前線―あすの日本語教育への道しるべ―』(『言語文化と日本語教育』、2002年5月特集号) pp.245–260. 日本言語文化学研究会.

李志暎(2003)「ビジネス場面における〈依頼・許可求め〉の言語行動―社会的役割によってどう違うのか」、『言語文化と日本語教育』、25: pp.26–38. お茶の水女子大学日本言語文化学研究会.

上田和子(1995)「『テープ通信』を用いた日本語コースの試み―香港でのビジネス・ジャパニーズの場合」、『世界の日本語教育』、5: pp.45–60. 国際交流基金日本語国際センター.

内海美也子(2001)「ビジネス場面における敬語・待遇表現の指導」、『日本語教育学会春季大会予稿集』、pp.36–42. 日本語教育学会.

内海美也子(2006)「ビジネス場面に対応する敬語表現―習得を促すアプローチの方法」、

『敬語表現教育の方法』、pp.78–107. 大修館書店.
エフィルシアナ (2004)「ジャカルタとその周辺の日系企業のニーズを踏まえた大学生用日本語会話教材の作成」、『日本語教育指導者養成プログラム論集』、3: pp.37–74. 政策研究大学院大学・国際交流基金日本語国際センター・国立国語研究所.
大崎正瑠 (1994)「ビジネス・コミュニケーションを考える」、『大妻女子大学紀要—文系』、26: pp.87–132.
岡崎敏雄 (1992)「日本語教育における自律的学習」、『広島大学日本語教育学科紀要』、2: pp.9–14. 広島大学日本語教育学部.
岡崎敏雄 (1994)「コミュニティにおける言語的共生化の一環としての日本語の国際化」、『日本語学』、13 (13): pp.60–73. 明治書院
岡崎敏雄 (1995)「年少者言語教育研究の再構成—年少者日本語教育の視点から」、『日本語教育』、86: pp.1–12.
岡崎敏雄・岡崎眸 (1990)『日本語におけるコミュニカティブ・アプローチ』、凡人社.
岡崎敏雄・長友和彦 (1990)「日本語教育における学習者中心の指導の基盤の確立に向けて」、『広島大学日本語教育学科紀要』、2 (38): pp.227–233. 広島大学日本語教育学部.
岡崎眸 (1996)「教授法の授業が受講生に持つ言語学習についての確信に及ぼす効果」、『日本語教育』、89: pp.26–35. 日本語教育学会.
岡崎眸 (1998)「日本語教師の自己イメージ」、『お茶の水女子大学人文科学紀要』、51: pp.289–300. お茶の水女子大学.
岡崎眸 (2002)「多言語・多文化社会を切り開く日本語教育」、『内省モデルに基づく日本語教育実習理論の構築』、平成11年度〜13年度科学研究費補助金研究基盤研究 (C) (2) 研究成果報告書、pp.299–321.
岡崎眸 (2002)「内容重視の日本語教育」、『内省モデルに基づく日本語教育実習理論の構築』、平成11年度〜13年度科学研究費補助金研究基盤研究 (C) (2) 研究成果報告書、pp.322–399.
岡崎眸・岡崎敏雄 (2001)『日本語における学習分析とデザイン—言語習得過程の視点から見た日本語教育』、凡人社.
岡崎洋三 (1998)「正統的周辺参加としての日本語学習—研究留学生対象の入門クラスでの場合」、『多文化社会と留学生交流』、2: pp17–27. 大阪大学留学生センター.
岡本能里子・吉野文 (1997)「電話会話における談話管理—日本語母語話者と日本語非母語話者の相互行為の比較分析」、『世界の日本語教育』、7: pp.45–60. 国際交流基金.
鴬生ふさ子・舛見蘇弘美・トムソン木下千尋 (1997)「オーストラリアにおける観光業用の

日本語コースのデザインと実践」、『JALT Journal』、19(2): pp.260–270. 全国語学教育学会.
蒲谷宏・川口義一・坂本恵(1998)『敬語表現』、大修館書店.
カミンズ, ジム(1997)「教室におけるアイデンティティの交渉」、『多言語・多文化コミュニティのための言語管理―差異を生きる個人とコミュニティー』(古川ちかし訳)、pp.171–182. 国立国語研究所.
木下是雄(1994)「これからのビジネス・コミュニケーション」、『日本語学』、13(12): pp.4–8. 明治書院.
工藤節子(1994)「JSPにおけるタスク中心のカリキュラム」、『日本語学』、13(12): pp.62–70. 明治書院.
熊谷智子(1996)「談話」『日本語の世界 日本語学7月号臨時創刊号』、15: pp.71–78. 明治書院.
クルマス, フロリアン(1993)『ことばの経済学』、大修館書店.
桑原和子(1998)「会議の提案の談話における「話段」の展開とストラテジー」、『国文目白』、37: pp.33–43. 日本女子大学国語国文学会編.
現代日本語研究会編(1997)『女性のことば・職場編』、ひつじ書房.
現代日本語研究会編(2002)『男性のことば・職場編』、ひつじ書房.
小池浩子(2006)「日本人と日系ブラジル人の職場における情動摩擦―自由回答調査の分析」『国際行動学研究』、1: pp.40–52.
国際日本語普及協会(1993)『AJALT』、16.
国際日本語普及協会(1998)『ビジネスマンのための実践日本語』講談社インターナショナル.
小林和夫(1993)「ビジネス・コミュニケーションの実態を調べる」、『AJALT』、16: pp.22–26. 国際日本語普及協会.
小林和夫(1994)「ビジネス・コミュニケーションの阻害要因と言語投資状況の実態調査」、『日本語学』、13(12): pp.21–29. 明治書院.
近藤彩(1998a)「外国人と日本人との接触場面におけるビジネス・コミュニケーション」、お茶の水女子大学修士論文.
近藤彩(1998b)「ビジネス上の接触場面における問題点に関する研究―外国人ビジネス関係者を対象にして」、『日本語教育』、98: pp.97–108.
近藤彩(1999)「日本語ボランティア教授者のミーティングにおける異なりの調整」、『日本語教育における教授者の行動ネットワークに関する調査研究―事例研究』、pp.159–172. 平成10年度文化庁日本語教育研究委嘱. 日本語教育学会.

近藤彩（2000）「国際見本市におけるインターアクション―日本人ビジネス関係者は何をどのように評価するのか―」、『言語文化と日本語教育』、19: pp.75-88. お茶の水女子大学日本言語文化学研究会.

近藤彩（2001）「商談におけるインターアクション―参加者全員の視点から」、『アメリカ・カナダ大学連合日本研究センター紀要』24: pp.35-60.

近藤彩（2002）「日本人と外国人のビジネス上の問題点に関する実証研究―新しい『日本語によるビジネス・コミュニケーション』の構築に向けて」お茶の水女子大学博士論文.

近藤彩（2004a）「会議におけるコミュニケーション・スタイルに関する事例研究」、『アメリカ・カナダ大学連合日本研究センター紀要』、27: pp.24-40.

近藤彩（2004b）「日本語教育のためのビジネス・コミュニケーション研究」、『第二言語習得・教育の研究最前線― 2004 年版―』（『言語文化と日本語教育』2004 年 11 月増刊特集号）、pp.202-222. お茶の水女子大学日本言語文化学研究会.

近藤彩（2005a）「ビジネスにおける異文化間コミュニケーション」、井出祥子・平賀正子編『講座社会言語科学第 1 巻 異文化とコミュニケーション』、pp.202-222. ひつじ書房.

近藤彩（2005b）「商談における受け入れストラテジーと適用ルールに関する事例研究」、お茶の水女子大学日本言語文化学研究会編集委員会編『共生時代を生きる日本語教育―言語学博士上野田鶴子先生古稀記念論集』、pp.377-398.

近藤彩・品田潤子・保坂敏子・島田めぐみ（2001b）「営業担当者のタスクの特徴―打ち合わせの事例から」、『日本語教育学会春季大会予稿集』、pp.103-108. 日本語教育学会.

斎藤ひろみ（1998）「自律的学習能力を養うために教師は何ができるか」、『言語文化と日本語教育』、16: pp.1-11. お茶の水女子大学日本言語文化学研究会.

佐伯胖（1995）『「学ぶ」ということの意味』、岩波書店.

佐伯胖・藤田秀典・佐藤学編（1995）『学びへの誘い』、東京大学出版会.

坂本恵・川口義一・蒲谷宏（1994）「『行動展開表現』について―待遇表現教育のための基礎的考察」、『日本語教育』、82: pp.47-58. 日本語教育学会.

笹川洋子（1996）「異文化の視点からみた日本語の曖昧性―在日外国人留学生調査より」、『日本語教育』、89: pp.59-63. 日本語教育学会.

真田信治・渋谷勝己・陣内正敬・杉戸清樹（1992）『社会言語学』、おうふう.

佐野ひろみ（1993）「CIBER グループ夏期日本語コース報告」、『ICU 夏期日本語教育論文集』、pp.83-87.

佐野ひろみ(2000)「経営大学院のための日本語集中コース実践報告―経営大学院生のための体験学習クラス」、『アメリカ・カナダ大学連合日本研究センター紀要』、23: pp.70–91.

佐野ひろみ(2000)「経営大学院のための日本語集中コース実践報告―経営大学院生のための体験学習クラス」、『アメリカ・カナダ大学連合日本研究センター紀要』、23: pp.70–91.

佐野ひろみ(2002)「1998〜2002年サマープログラム報告」、『アメリカ・カナダ大学連合日本研究センター紀要』、25: pp.55–80.

ザトラウスキー, ポリー(1991)「会話分析における「単位」について―話談の提案」、『日本語学』10(10): pp.79–96. 明治書院.

ザトラウスキー, ポリー(1993)『日本語の談話の構造分析―勧誘のストラテジーの考察』、くろしお出版.

ザトラウスキー, ポリー(2000)「参加者の相互作用による談話の統合的機能」、『国語学会平成12年度春季大会要旨集』、pp.40–41.

ザトラウスキー, ポリー(2001)「相互作用における非言語行動と日本語教育」、『日本語教育』110: pp.7–21. 日本語教育学会.

品田潤子・吉田依子・内海美也子(2005)「ビジネス日本語のCan-do-statementsの記述―目標設定・プログラム作成・評価のために」、『日本語教育学会春季大会予稿集』、pp. 212–213. 日本語教育学会.

島田めぐみ(2002)「日本語ビジネス文書の評価―会社員と日本語教師への調査から」、『多摩留学生センター教育研究論集』、3: 23–32.

島田めぐみ・澁川晶(1998)「外国人ビジネス関係者の日本語使用―実態と企業からの要望」、『世界の日本語教育』、8: pp.121–140.

島田めぐみ・澁川晶(1999)「アジア5都市の日系企業におけるビジネス日本語のニーズ」、『日本語教育』、103: pp.109–118. 日本語教育学会.

小学館国語辞典編集部(2001)『日本国語大辞典』第2版、小学館.

杉戸清樹・沢木幹栄(1979)「言語行動の記述―買い物行動における話しことばの諸側面」、南不二男編『講座言語第3巻 言語と行動』、pp271–317. 大修館書店.

清ルミ(1995)「上級ビジネスピープルのビジネスコミュニケーション上の支障点―インタビュー調査から教授内容を探る」、『日本語教育』、87: pp.139–152. 日本語教育学会.

清ルミ(1997)「外国人社員と日本人社員―日本語によるコミュニケーションを阻むもの」、『異文化コミュニケーション研究』、10: pp.57–73. 神田外語大学異文化コミュニケー

ション研究会.
清ルミ(1998)「ビジネス会話ワークショップにおける待遇表現学習の試み」,『講座日本語教育』第33分冊, pp.181–196. 早稲田大学日本語研究センター.
清ルミ(2001)「学生・社会人に対する待遇表現教育についての方法論・具体的な指導法」,『日本語教育学会春季大会予稿集』, pp.28–35. 日本語教育学会.
清ルミ(2006)「「気づき誘導」を求めて―社会人・大学生に必要な待遇表現教育を模索する」,『敬語表現教育の方法』, pp.78–107. 大修館書店.
田忠魁・泉原省二・金相順(1998)『類義語使い分け辞典』研究社.
高見澤孟(1987)「Job-oriented Training ―米国国務省日本語研修所における日本語教育」,『日本語教育』, 61: pp.63–75. 日本語教育学会.
高見澤孟(1994a)「ビジネス・コミュニケーションと日本語の問題―外国人とのコミュニケーションを考える」,『日本語学』, 13(12): pp.30–37. 明治書院.
高見澤孟(1994b)『ビジネス日本語の教え方』, アルク.
高見澤孟・井岡祐治(1992)「ビジネスマンに求められる日本語力―日本企業と外国人社員・それぞれの視点と課題」,『月刊日本語』, 5(11): pp.10–15. アルク.
田島弘治(1994)「『外国人ビジネス関係者のための日本語教育 Q&A』を紹介する」,『日本語学』, 13(12): pp.85–90. 明治書院.
田中望・中畠孝行・古川ちかし(1983)「外国人の日本語行動」,『日本語教育』, 49: pp.59–73. 日本語教育学会.
田中敏・山際勇一郎(1989)『ユーザーのための教育・心理統計と実験計画法』, 教育出版.
田中春美・田中幸子(1996)『社会言語学への招待』, ミネルヴァ書店.
田丸淑子(1994)「ビジネス・スクールの日本語教育―コース・デザインの課題」,『日本語学』, 13(12): pp.54–61. 明治書院.
第一勧業銀行(1986)『在日外国人のみた日本のビジネス』.
地球産業文化研究所(1993)『ビジネス・コミュニケーションの阻害要因と日本語の需要実態』, 地球産業文化研究所.
陳明涓(1998)「フレームに見られる文化的差異―台日の大学生によるグループ討論」,『言語文化と日本語教育』, 15: pp.67–72. お茶の水女子大学日本言語文化学研究会.
チンプラサートスック, パチャリー(2005)「タイ人と日本人との間のビジネス・コミュニケーションの問題に関する研究」, お茶の水女子大学日本言語文化学研究会編集委員会編『共生時代を生きる日本語教育―言語学博士上野田鶴子先生古稀記念論集』, pp.349–376.

津田葵(1989)「社会言語学」、『英語学大系6　英語学の関連分野』、pp.365–493. 大修館書店.

トムソン木下千尋(1996)「オーストラリアの日本語話者のニーズと問題点―シドニービジネス・コミュニケーションの場合」、*Discussion papers in Asian Business and Language Studies*, 1(4). The University of New South Wales.

中道真木男(1998)「『日本語総合シラバス』の構築に向けて」、『特別研究「日本語総合シラバスの構築と教材開発指針の作成」会議録』、4: pp1–14. 国立国語研究所日本語教育教材開発室.

永尾正章(1994)「国際ビジネス・コミュニケーション」、『日本語学』、13(12): pp.46–53. 明治書院.

長友和彦(1993)「日本語の中間言語研究―概観―」、『日本語教育』、81: pp.1–18. 日本語教育学会.

長友和彦(1995)「第二言語習得における意識化の役割とその教育的意義」、『言語文化と日本語教育』、9: pp.161–177. お茶の水女子大学日本言語文化研究会.

長友和彦(1996)「第二言語知識における顕在的知識(explicit knowledge)と隠在的知識(implicit knowledge)―インターフェイス・ポジションが構造シラバスに示唆するもの」、『細田和雅先生退官記念論文集　日本語の教育と研究』、pp.189–220. 峡水社.

長友和彦(1998)「第4章・第二言語習得としての日本語の習得研究」、『児童心理学の進歩1998年版』、pp.79–83. 金子書房.

西尾珪子(1994)「ビジネス・コミュニケーションと日本語教育」、『日本語学』、13(12): pp.9–13. 明治書院.

西尾珪子(1995)「ビジネス関係者への日本語教育―現状と展望」『日本語教育別冊』、86: pp.108–118. 日本語教育学会.

西口光一(1999)「状況的学習論と新しい日本語教育の実践」、『日本語教育』、100: pp.1–15. 大阪大学留学生センター.

西口光一(1999)「状況的学習論からみた日本語教育」、『多文化社会と留学生交流』、3: pp.1–15. 大阪大学留学生センター.

西口光一(1998)「自己表現中心の入門日本語」、『多文化社会と留学生交流』、2: pp29–44. 大阪大学留学生センター.

西阪仰(1997)『相互行為分析という視点―文化と心の社会学的記述』、金子書房.

西田ひろ子・根橋玲子・佐々木由美・小池浩子(2003)『日本企業で働く日系ブラジル人と日本人の間の異文化間コミュニケーション摩擦』、創元社.

日本貿易振興会(1984)『日本人と働く法』、学生社.

日本貿易振興会(1996a)「特集 グローバル時代のビジネス・コミュニケーション―日本人のビジネス風土を考える」、『ジェトロセンサー』、46(5): pp.8-33.

日本貿易振興会(1996b)『平成七年度ビジネス・コミュニケーションに関する補助事業実施報告書』.

日本貿易振興会ビジネスコミュニケーション研究委員会(1995)『ビジネスコミュニケーションに関するアンケート(中間)』.

ネウストプニー, J.V.(1979)「言語行動のモデル」、南不二男編『講座言語第3巻 言語と行動』、pp.33-66. 大修館書店.

ネウストプニー, J.V.(1981)「外国人場面の研究と日本語教育」、『日本語教育』、45: pp.30-40. 日本語教育学会.

ネウストプニー, J.V.(1982)『外国人とのコミュニケーション』、岩波書店.

ネウストプニー, J.V.(1983)「敬語回避のストラテジーについて―主として外国人場面の場合」、『日本語学』、2(1): pp.62-67. 明治書院.

ネウストプニー, J.V.(1988)「日本人のコミュニケーション行動と日本語教育」、『日本語教育』、67: pp.11-24. 日本語教育学会.

ネウストプニー, J.V.(1991a)「新しい日本語教育のために」、『世界の日本語教育』、1: pp.1-14. 国際交流基金日本語国際センター.

ネウストプニー, J.V.(1994b)「日本研究の方法論―データ収集の段階」、『待兼山論叢 日本学篇』、28: pp.1-24. 大阪大学文学部.

ネウストプニー, J.V.(1995b)「外国人とのコミュニケーション―外国人問題はこれからどうなるか」、『新「ことば」シリーズ1 国際化と日本語』、pp.63-76. 文化庁.

ネウストプニー, J.V.(1995c)『新しい日本語教育のために』、大修館書店.

ネウストプニー, J.V.(1997)「言語管理とコミュニティ言語の諸問題」、『多言語・多文化コミュニティのための言語管理 ―差異を生きる個人とコミュニティ』、pp.21-37. 国立国語研究所.

ネウストプニー, J.V.(2002)「インターアクションと日本語教育―今何が求められているのか」、『日本語教育』、112: pp.1-14. 日本語教育学会.

根橋玲子(2006)「海外日系企業における現地従業員の上司に対する役割スキーマの相違―フィリピン人、マレーシア人、中国人を対象に」、『国際行動学研究』、1: pp.17-27. 国際行動学会.

原田明子(2004)「海外のビジネス場面における日本語シラバスの開発 ―タイの日系企業における日本語使用の実態調査から」、『日本語教育学会秋季大会予稿集』、pp.105-

110. 日本語教育学会.

藤本明(1993)「スタンフォード大学夏季講座"Japanese for Business"」、『AJALT』、16: pp.10–15. 国際日本語普及協会.

船川淳志(1997)「グローバル・ビジネスはトランス・カルチュラルの時代へ―トランス・カルチュラル・マネージメントの5つのコンピタンスとは」、『異文化コミュニケーション』、1: pp.7–33. SIETAR.

文化庁(1994)『外国人ビジネス関係者のための日本語教育 Q&A』、財務省印刷局.

法務省入国管理局(2001)『在留外国人統計』、入管協会.

法務省入国管理局(2005)『平成16年末現在における外国人登録者統計について』(http://www.moj.go.jp/PRESS/050617–1/050617–1.html)

保坂敏子・品田潤子・近藤彩(2000)「多分野の専門家と連携した日本語学習支援について―ビジネス分野におけるプラットフォームの構築」、1999年度国立国語研究所日本語長期専門研修 B 最終レポート.

本名信行(1997)「言語教育と異文化間リテラシー」、『異文化間教育』、11: pp.52–65. アカデミア出版.

前田尚子(2001)「『異文化理解』という捉え方についての検討」、『異文化コミュニケーション研究』、pp.137–155. 神田外語大異文化コミュニケーション研究所.

馬瀬良雄・岡野ひさの・伊藤祥子(1989)「外国人の言語行動に対する日本人の意識」、『日本語教育』、67: pp.25–47. 日本語教育学会.

松井治子(1993)「ビジネス日本語とは」、『AJALT』、16: pp.8–9. 国際日本語普及協会.

松本隆・山口麻子・高野昌弘(1998)「経済分野の専門的日本語教育―語学教師と専門家の連携を目指して」、『紀要』、21: pp.1–40. アメリカ・カナダ大学連合日本研究センター.

丸山敬介(1991)「日本語教育上級段階における専門教育の一モデル―営業職にあるビジネスマンを対象に」、『日本語・日本文学』、3: pp.34–53. 同志社女子大学.

水谷修(1994)「ビジネス日本語を考える―公的話ことばを求めて」、『日本語学』、13(12): pp.14–20. 明治書院.

宮副ウォン裕子(1997)「香港理工大学における〈ビジネスのための日本語〉を中心とした連携」、『日本語学』、16: pp.211–222. 明治書院.

宮副ウォン裕子(1999)「香港人日本語話者に期待される『ビジネス・社交場面での書く能力』」、『二十一世紀における日本研究』、pp.387–398. 香港日本語教育研究会.

宮副ウォン裕子(2002)「香港理工大学大学院専門日本研究課程の開発―総合的日本語インターアクション能力の養成をめざして」、『日本学研究』(2002年国際シンポジウム

「進化する日本研究」)、13: pp.77–84. 北京日本学研究センター.

宮副ウォン裕子(2003)「多言語職場の同僚たちは何を伝えあったか―仕事関連外話題における会話上の交渉」、宮崎里司・マリオット、ヘレン編『接触場面と日本語教育―ネウストプニーのインパクト』、pp.165–184. 明治書院.

村上恵・熊取谷哲夫(1995)「談話トピックの結束性と展開構造」、『表現研究』62: pp.101–111. 表現学会.

メイナード,泉子 K(1993)『会話分析』、くろしお出版.

メイナード,泉子 K(1997)『談話分析の可能性』、くろしお出版.

茂呂雄二編(1997)『対話と知』、新曜社.

谷部弘子(2006)「「女性のことば・職場編」に見る終助詞「わ」の行方」、『日本語教育』、130: pp.60–69. 日本語教育学会.

山田伸子(1992)「買い物場面のインターアクション―店員の販売行動を中心に」、『日本語教育』、77: pp.116–128. 日本語教育学会.

好井博明・山田富秋・西阪仰編(1999)『会話分析への招待』、世界思想社.

横田淳子(1990)「専門教育とのつながりを重視する上級日本語教育の方法」、『日本語教育』、71: pp.120–133. 日本語教育学会.

リチャード, J. 他編(1985)『ロングマン応用言語学用語辞典』(山崎真稔訳)、南雲堂.

レイブ、ジーン・ウェンガー、エティエンヌ(1993)『状況に埋め込まれた学習―正統的周辺参加』(佐伯胖訳)、産業図書.

ロラン、マリージョセ(1999)「状況学習とコミュニケーションの視点―マレーシアにおける日本人とマレー人マネージャーの事例より」、研究部会資料.

ワーチ、ジェームス(1995)『心の声』(田島信元訳)、福村出版.

Bateson, G. (1979) Mind and Nature: A Necessary Unity. John Brockman Associates. (ベイトソン(1982)『精神と自然』、佐藤良明訳、思索社.)

Berry, J. W. (1992) Acculturation and adaptation in a new society. *International Migration*, 30: pp69–85.

Brown, P. and Levinson, S. (1987) *Politeness: Some universals in language usage*. Cambridge: Cambridge University Press.

Byalystok, E. and Smith, M. S. (1985) "Interlanguage is not a state of mind An evaluation of the construct for second-Language acquisition." *Applied Linguistics*, 6 (2): pp.101–117.

Clyne, M. (1994) *Inter-cultural communication at work: cultural values in discourse*. Cambridge:

Cambridge University Press.

Condon, J. (1975) *An introduction to intercultural communication.* Indianapolis: The Bobbs-Merrill.（コンドン, ジョン（1980）『異文化間コミュニケーション』、近藤千恵訳、サイマル出版会.）

Corder, S. P. (1967) "The significance of learners' errors." *International Review of Applied Linguistics,* 5: pp.161–169.

Coulthard, M. (1990) *An Introduction to Discourse Analysis.* London: Longman

Cummins, J. (1987) "Theory and policy in bilingual education." *Multicultural Education.* OCDE.

Du Bois, J. W. S, Stephen & Paolino, D. (1993) "Outline of Discourse." In Edwards, Jane & Lampert, Martin D. *Talking Data: Transcription and Coding in Discourse Resarch.* Hillsdale, New Jersey: Lawrence Erlbaum Asso.

Ellis, R. (1985) *Understanding Second Language Acquisition.* Oxford: Oxford University Press.

Gumperz, J. J. and D. Hymes (1972) *Directions in Sociolinguistics: The ethnography of communication.* Oxford: Basil Blackwell.

Harris, S. and Bargiela-Chiappini F. (1997) "*The Languages of Business: Introduction and overview.*" The Languages of Business, Edinburgh university.

Hinds, J. (1982) "Japanese conversational structures." *Lingua,* 57: pp.301–326.

Hymes, D. (1962) *The ethnography of speaking.* Reprinted in Fishman, J. A. (ed.) *Readings in the Sociology of Language.* pp. 99–138. The Hague: Mouton.（ハイムズ, D.（1979）『ことばの民族誌』、唐須教光訳、紀伊国屋書店.）

Hymes, D. (1972) "Models of interaction of language and social life." In J. J. Gumperz and D. Hymes (ed.) *Directions in Sociolinguistics.* pp.35–71. New York: Holt, Rinehart and Winston.

Jung. F. H. (1988) *How to do business with the Japanese.* Tokyo: The Japan Times.

Labov, W. (1972a) *Sociolinguistic Patterns.* Philadelphia: University of Pennsylvania Press.

Levinson, S. (1983) *Pragmatics.* Cambridge: Cambridge University Press.
　（レビンソン, スティーブン（1990）『英語語用論』、安井稔・奥田夏子訳、研究社.）

Lorrain, M. J. (1997) "Organizational communication in multiethnic Japanese company: Matsushita in Malaysia." Ph.D. dissertation. Universite du Quebec A Montreal.

Marriott, H. (1991a) "Native speaker behaviour in Australian-Japanese business communication." *International Journal of the Sociology of Language,* 92: pp.87–117.

Marriott, H. (1991b) "Language planning and language management for tourism shopping situations." *Australian Review of Applied Linguistics*, Series S, 8: pp.191–222.

Marriott, H. (1991c) "Etiquette in intercultural situations: a Japanese luncheon." *Intercultural Communication Studies*, 1 (1): pp.69–94.

Marriott, H. (1991d) "Asian Studies and Australian business: seeking new approaches." *Asian Studies Review*, 14 (3): pp.15–26.

Marriott, H. (1993a) "Spatial arrangements in Australian-Japanese business communication." *Journal of Asian Pacific Communication*, 4 (3): pp.167–192.

Marriott, H. (1993b) "Politeness phenomena in Japanese intercultural business communication." *Intercultural communication Studies*, 3 (1): pp.15–37.

Marriott, H. (1993c) "Interlanguage/ interculture in Australian-Japanese business communication." *Journal of the Association of Teachers of Japanese*, 27 (2): pp.161–175.

Marriott, H. (1995) "Deviations, in an intercultural business negotiation." In A. Firth (ed.) *The Discourse of Negotiation*. pp.247–268. U. K.: Pergamon Press.

Marriott, H. (1997) "Australian-Japanese business interaction: Some features of language and cultural contact." In F. Bargiala-Chiappini and S. Harris (eds.) *The Languages of Business*. pp.49–71. Edinburgh: Edinburgh university.

Marriott, H. and Yamada, N. (1991) "Japanese Discourse in Tourism Shopping Situations." *Japan and the World*, 3: pp.155–168. The Japanese Studies Association of Australia.

Maynard, S. K. (1989) *Japanese Conversation: Self-contextualization through Structure and Interactional Management*. Norwood, NJ: Ablex.

Miller, L. (2000) Negative Assessments in Japanese-American workplace interaction. In H. Spencer-Oatey (eds.) *Cultural speaking*. pp.240–254. London: Confinuum.

Mori, J. (1997) "Well I may be exaggerating but—: Self-qualifying Insertion in Negotiation of Opinions among Japanese Speakers." *Ethnomethodology and Conversation Analysis: East and West*. The International Institute for Ethnomethodology and Conversation Analysis. Waseda university. pp.147–182.

Mulholland, J. (1997) "The Asian connection: Business requests and acknowledgements." In F. Bargiala-Chiappini and S. Harris (eds.) *The Languages of Business*. Edinburgh: Edinburgh university.

Neustupny, J.V. (1985b) "Language norms In Australian-Japanese contact situations." In M. Clyne (ed.) *Australian, meeting place of languages*. pp.161–170. Canberra: Pacific Linguistics.

Neustupny, J.V. (1987) *Communicating with the Japanese.* Tokyo: Japan Times.

Neustupny, J.V. (1994a) "Problems of English contact discourse and language planning" In T. Kandiah and J. Kwan-Terry (eds.) *English Language Planning: A Southeast Asian Contribution.* pp.50–69.

Neustupny, J.V. (1994b) "The use of Japanese: communication and interaction." *Japanese Correspondence Course for JET Participants,* Book 4. Tokyo: Council of Local Authorities for International Relations.

Neustupny, J.V. (1996) "Current issues in Japanese-foreign contact situations." In International Research Center for Japanese Studies (ed.) *Kyoto Conference on Japanese Studies 1994,* 2: pp.208–216.

Neustupny, J.V. (1996) "The follow-up interview." Japanese Studies Association of Australia Newsletter, 10 (2): pp.31–33.

Oxford, R. L. (1990) *Language Learning Strategies.* Newbury House.

Otsuji, E (1997) "The application of critical discourse analysis to intercultural business interaction. In the case of native and non-native Japanese speakers in an Australian context." Japanese Studies Association of Australia.

Pike, K. L. and Simons, G. F. (1996) "Understanding Misunderstanding as cross-cultural emic clash." In Kurt R. Jankowsky (ed.) *The Mystery of Culture Contacts, Historical Reconstruction, and Text Analysis: An Emic Approach.* Georgetown: Georgetown University Press.

Richards, J., Platt, J. and Weber, H. (eds.) *Longman dictionary of applied linguistics.* London; Longman.(リチャード, J. 他編(1985)『ロングマン応用言語学用語辞典』、山崎真稔訳、南雲堂.)

Sabel R. (1997) *Procedure at international confereces.* Cambridge: Cambridge University Press.

Sacks, H., Schegloff, E. and Jefferson, G. (1974) A simplest systematics for the organization of turn-taking in conversation. *Language,* 50 (4): pp.696–735.

Selinker, L. (1972) "Interlanguage" International Review of Applied Linguistics. pp.209–231.

Schiffrin, D. (1994) *Approaches to Discourse.* Oxford: Basil Blackwell.

Stubbs, M.(1983)*Discourse Analysis.* Oxford: Basil Blackwell.(スタッブス、マイケル(1989)『談話分析』、南出康世・内田聖二訳、研究社.)

Tannen, D. (1984) *Conversational style: Analyzing talk among friends.* Norwood, NJ: Albex.

Thomson, C. K. (1996) "Employment and language ability of Australian nonnative speakers of

Japanese: A Sydney case study." *Japanese Studies Bulletin*, 16 (1): pp.15–34.

Trudgill, P. (1974a) *Sociolinguistics: An Introduction*. Harmondswoth: Penguin.

Tsuda, A. (1984) *Sales talk in Japan and the United States*. Georgetown: Georgetown University Press.

Yamada, H. (1992) *American and Japanese business discourse: A comparison of interactional styles*. Norwood, NJ: Ablex.

Yamada, H. (1997) "Organization in American and Japanese meetings: Task versus relationship." In F. Bargiela-Chiappini and S. Harris (eds.) *The Languages of Business*. pp.117–135. Edinburgh: Edinburgh university.

Watanabe, S. (1993) "Cultural Differences in Framing: American and Japanese group discussions. In D. Tannen (ed.) *Framing in Discourse*. Oxford: Oxford University Press.

Zimmerman, M. (1985) *How to do business with the Japanese*. Tokyo: Tuttle.

あとがき

　本書は、2002年12月にお茶の水女子大学大学院人間文化研究科に提出した学位論文をもとに加筆修正したものである。

　修士論文はもとより、学位論文を執筆しているときには、今ほど仕事のための日本語や職場で使う日本語（本書ではビジネス・コミュニケーションと呼んでいる）について関心が持たれていなかった。その専門性は理解されていても、まだまだ珍しい研究テーマというように周囲の人々に考えられていた。

　しかし、この数年間で、筆者の周りの環境をはじめ、日本社会にも変化が起こった。仕事をしながら定住する外国人数が増加するにつれ、媒介語としての日本語が必要になったのもその一例である。また、海外に目を移せば、中国やインドなどの国々で、日本の社員に代わり現地の社員に日本語で事務処理や人事管理を行わせる企業も出現した。

　このようなさまざまな変化から、私の研究テーマに関心を持つ人の数が増えてきたことを実感している。その多くは、私同様に日本社会が真の共生社会になることを望んでいる方が多いように思う。そういった方々と今後、話し合いを円滑に進めていくためにも、拙書の執筆を決意した。

　筆者は、日本語を使用する人々が互いの先入観や言語上の誤用から、相手を誤解するということを最大限になくすことを望んでいる。筆者のできることは本当にわずかだが、本書が、外国人と日本人が共に生きるための支援や言語政策について考えていく上での一助となれば幸いである。

　本書執筆に至る間には、多くの方々にご指導、ご支援を賜った。指導教員であるお茶の水女子大学の岡崎眸先生には、本研究の計画段階から論文の最終執筆まで長期にわたって綿密なご指導をいただいた。岡崎先生は論文としてまとまりのない段階でもきめ細かく目を通してくださり、修士課程から博

士課程を通して、細部にわたり非常に丁寧な示唆に富むご助言を賜った。また、先生の研究を行っている姿からは、探究心というものを教えていただいた。岡崎眸先生に心より深く感謝申し上げたい。

また、社団法人国際日本語普及協会理事西尾珪子先生には、研究のみならず日本語教師のあり方について数多くのご教示を賜った。西尾先生にはじめてお会いしたのは1992年だったが、その日のことは今も鮮明に心に残っている。その後、私が協会に入会し協会の教師となってからも西尾先生のご指導やご支援に何度も支えられた。筆者が現職に就いてからも折にふれて励ましの言葉も賜った。

元お茶の水女子大学長友和彦先生には、修士課程から内容はもとより研究に対する姿勢までご教示いただいた。お茶の水女子大学西尾道子先生には、会議運営や通訳の重要性等について貴重なご助言をいただいた。日本女子大学の井出祥子先生には、会議運営に関する今後の可能性について有益なご助言をいただいた。お茶の水女子大学佐々木泰子先生には会話分析の理論・方法論等、示唆に富むご助言を賜った。

さらに、データ収集の際には早稲田大学大学院川口義一先生に大変お世話になった。ビジネス会議に関する分析でも貴重なコメントをいただいた。社団法人国際日本語普及協会品田潤子先生には、データ収集をはじめ、ビジネス会議の分析や論文の方向性に関して多くのご助言をいただいた。元お茶の水女子大学本郷巡子先生にはデータ収集の際にご尽力をいただいた。元お茶の水女子大学村松賢一先生にもデータ収集の際にご理解やご協力を賜った。論文執筆中に自宅まで来て貴重なご助言をくださった東京海洋大学池田玲子先生には公私ともにお世話になった。池田先生のコメントによって論文の方向性を再確認することができた。神田外語大学の徳永あかね先生には何度も論文を読んでいただき貴重なコメントを賜った。東海大学の小笠恵美子先生には有益なコメントと温かい励ましをいただいた。この場をお借りして厚くお礼申し上げたい。

データ収集などの際にご協力いただいたビジネス関係者の皆さま、通訳と翻訳の方々、大学関係者、日本語学校、社団法人国際日本語普及協会の協力者の皆さま、元安田火災保険株式会社安田総合研究所理事長海原公輝氏にも

感謝の意を表したいと思う。

また、本書出版に関して多大なご配慮をいただいた政策研究大学院大学吉村融先生にも厚くお礼を申し上げたい。

最後に、研究について早くから理解を示し、本書の刊行の機会をくださったひつじ書房の松本功氏と、編集の労をとってくださった田中哲哉氏に大変お世話になった。的確なご助言と温かい励ましに心よりお礼を申し上げたい。

2007年4月

近藤　彩

索　　引

い
インターアクション ·················· 16, 85, 129, 177

う
受け入れストラテジー ······ 35, 41, 129, 131, 178

か
会議 ···························· 8, 34, 55, 85, 175, 183
外国人登録者数 ·· 4
外国人ビジネス関係者 ····· 1, 5, 7, 45, 64, 129, 187
外資系企業 ···················· 4, 11, 49, 58, 60, 64, 174
会社間会議 ··· 39, 88
課題決定 ························ 40, 88, 103, 113, 175

き
企業動向 ··· 4
協働的発話 ·· 106, 176

こ
コース・デザイン ································· 25, 27

さ
再生型 ·· 89, 91, 113
在留外国人 ·· 3
在留資格 ··· 4

し
仕事にまつわる慣行の相違 ········ 53, 57, 64, 174
仕事の非効率 ························· 53, 57, 64, 85, 174
実践報告 ·· 23, 30
社内会議 ·· 40, 86
商談 ······························· 10, 34, 40, 129, 188
新出型 ·· 89, 91, 113

せ
セールス ··· 10
セールストーク ··· 10
接触場面 ··································· 10, 40, 129

た
待遇表現 ··· 16, 26
対照研究 ··· 10
多文化共生社会 ····································· 190

た
多文化ストラテジー ············· 129, 131, 162, 178

て
提言 ····································· 181, 186, 187
提言・助言 ······························· 9, 10, 31, 35

と
同化ストラテジー ·················· 129, 131, 162, 178
トピック ································ 40, 86, 113, 175
トピック循環 ····························· 87, 100, 175

に
ニーズ ·· 5, 27, 28
日本企業 ········· 2, 9, 11, 21, 40, 49, 58, 60, 64, 173
日本経済の国際化 ····································· 2
日本語学習 ······························· 5, 10, 18, 30
日本人ビジネス関係者 ······· 1, 85, 129, 162, 186
人間関係維持 ·············· 40, 88, 103, 113, 175

は
派生型 ·· 89, 91, 113

ひ
ビジネス活動 ································· 9, 11, 34

ふ
不当な待遇 ······························· 53, 57, 64, 174
文化習慣の相違 ···························· 53, 57, 64, 174

や
やり取り ····························· 9, 10, 15, 19, 35

ら
留学生 ·· 4, 173

〔著者〕**近藤彩**（こんどう・あや）

1998年　お茶の水女子大学人文科学研究科日本言語文化修士課程修了。
2002年　お茶の水女子大学人間文化研究科比較文化学博士課程修了。人文科学博士。
国際日本語普及協会（AJALT）、東京学芸大学、日本女子大学、アメリカ・カナダ大学連日本研究センターなどを経て、2004年より政策研究大学院大学助教授、2007年より准教授に就く。海外ではオーストラリアとドイツで日本語を教える。1991年、A Graduate Diploma in Education（Language Teaching, especially Japanese）, University of Technology, Sydney 修了。主な著書・論文に、「ビジネスにおける異文化間コミュニケーション」『講座社会言語科学1　異文化とコミュニケーション』井出祥子・平賀正子編(2005)、「商談における受け入れストラテジーと適用ルールに関する事例研究」『共生時代を生きる日本語教育―言語学博士上野田鶴子先生古稀記念論集』お茶の水女子大学日本言語文化学研究会編集委員会編(2005)などがある。

シリーズ言語学と言語教育
【第9巻】
日本人と外国人の
ビジネス・コミュニケーションに関する実証研究

発行　　2007年9月14日　初版1刷

定価	6800円＋税
著者	©近藤彩
発行者	松本功
装丁者	吉岡透(ae)／明田結希(okaka design)
印刷所	三美印刷 株式会社
製本所	田中製本印刷 株式会社
発行所	株式会社 ひつじ書房

〒112-0011　東京都文京区千石 2-1-2　2F
Tel 03-5319-4916　Fax 03-5319-4917
郵便振替　00120-8-142852
toiawase@hituzi.co.jp
http://www.hituzi.co.jp/

造本には充分注意しておりますが、落丁・乱丁などがございましたら、
小社かお買い上げ書店にておとりかえいたします。
ご意見、ご感想など、小社までにお寄せ下されば幸いです。

❖

ISBN978-4-89476-300-5 C3081
Printed in Japan

―――― 新 刊！ ――――

ベーシック日本語教育
佐々木泰子 編　A5判　定価1900円＋税

ピア・ラーニング入門
創造的な学びのデザインのために
池田玲子・舘岡洋子 著　A5判　定価2400円＋税

―――― **好評発売中！** ――――

国際交流基金 日本語教授法シリーズ【全14巻】

【第1巻】**日本語教師の役割／コースデザイン**
　　B5判　580円＋税
【第6巻】**話すことを教える** B5判　800円＋税
【第7巻】**読むことを教える** B5判　700円＋税
【第9巻】**初級を教える** B5判　700円＋税

以後、続刊！